Sabine Kirchhoff · Walter Krämer

Presse in der Krise

Sabine Kirchhoff
Walter Krämer

Presse
in der Krise

VS VERLAG FÜR SOZIALWISSENSCHAFTEN

Bibliografische Information der Deutschen Nationalbibliothek
Die Deutsche Nationalbibliothek verzeichnet diese Publikation in der
Deutschen Nationalbibliografie; detaillierte bibliografische Daten sind im Internet
über <http://dnb.d-nb.de> abrufbar.

1. Auflage 2010

Alle Rechte vorbehalten
© VS Verlag für Sozialwissenschaften | GWV Fachverlage GmbH, Wiesbaden 2010

Lektorat: Frank Engelhardt

VS Verlag für Sozialwissenschaften ist Teil der Fachverlagsgruppe
Springer Science+Business Media.
www.vs-verlag.de

Das Werk einschließlich aller seiner Teile ist urheberrechtlich geschützt. Jede Verwertung außerhalb der engen Grenzen des Urheberrechtsgesetzes ist ohne Zustimmung des Verlags unzulässig und strafbar. Das gilt insbesondere für Vervielfältigungen, Übersetzungen, Mikroverfilmungen und die Einspeicherung und Verarbeitung in elektronischen Systemen.

Die Wiedergabe von Gebrauchsnamen, Handelsnamen, Warenbezeichnungen usw. in diesem Werk berechtigt auch ohne besondere Kennzeichnung nicht zu der Annahme, dass solche Namen im Sinne der Warenzeichen- und Markenschutz-Gesetzgebung als frei zu betrachten wären und daher von jedermann benutzt werden dürften.

Umschlaggestaltung: KünkelLopka Medienentwicklung, Heidelberg
Satz: text plus form
Druck und buchbinderische Verarbeitung: Ten Brink, Meppel
Gedruckt auf säurefreiem und chlorfrei gebleichtem Papier
Printed in the Netherlands

ISBN 978-3-531-17193-7

Inhalt

Vorwort 7

1 Spreu und Weizen 11
2 Die Krise ist an allem schuld 27
3 Schon wieder kein Weltuntergang!
  Keine Macht den Untergangspropheten 33
4 Von wegen unparteiisch! 41
5 Stopfstil und Bürokratendeutsch 53
6 Ordnung ist das halbe Leben 69
7 Rätselhafte Überschriften 77
8 Überflüssige Adjektive 83
9 Alles klar, oder was? 99
10 Vermeidbare Merkwürdigkeiten 103
11 Von wegen Transparenz 105
12 Fremdwörter und Jargon 109
13 Zahlen, Zahlen, Zahlen 119
14 Zum Schluss 125
Literatur 129

Vorwort

> „Sie haben nicht gelernt, wie schwer es ist, Probleme zu lösen und der Wahrheit näher zu kommen. Sie haben nur gelernt, wie man seine Mitmenschen in einem Meer von Worten ertränkt."
>
> *Karl Popper*[1]

Am 15. September 2008 ging die amerikanische Investmentbank Lehman Brothers in Konkurs. Seitdem beherrscht die Finanz- und Wirtschaftskrise die deutsche Medienlandschaft. Diese – tatsächliche oder herbeigeredete – Krise ist ein in der deutschen Nachkriegsgeschichte einmaliges Ereignis, dessen Ausgang – wenn man den bärbeißigen Worten unseres damaligen Bundesfinanzministers Peer Steinbrück glaubt – ungewiss ist, das nach Meinung unserer Politik- und Wirtschaftseliten das Finanzsystem vieler Industriestaaten erschüttern könnte und in Deutschland die Schulden von Bund, Ländern und Gemeinden auf inzwischen über 1,6 Billionen Euro[2] getrieben hat. Es ist leider auch ein reales Wirtschaftsexperiment, an dem wir unfreiwillig teilnehmen.

Auch aus journalistischer Sicht ist die Situation einmalig. So erleben „Wirtschaftsjournalisten gerade die besten und schlimmsten Zeiten"[3], erleben Zustände, die der ehemalige *SPIEGEL*-Chefredakteur Stefan Aust sogar paradiesisch nennt, weil die Krise den Redaktionen einen echten Nachrichten-Dauerbrenner beschert hat, mit reichlich Stoff für Schlagzeilen: Wir finden bankrotte Banken, insolvente Unternehmen, gierige Manager, Unternehmensfusionen, zockende Finanzjongleure, Spekulanten, unfähige Banker, Arbeitslose, zankende Wirtschaftspropheten und vieles andere mehr.

Dennoch scheinen die Medien – allen voran die Wirtschaftstitel und Wirtschaftsjournalisten – aus dieser Krise keine Vorteile zu ziehen. Eher das Gegenteil ist der Fall. Wollte man Partei für die gescholtenen Journalisten ergreifen, könnte man sie als „Leidtragende der Krise" bezeichnen, und zwar aus zwei Gründen:

---

[1] Karl Popper, Auf der Suche nach einer besseren Welt, 1987, S. 103.
[2] Information des Bundes der Steuerzahler: „Die Kreditmarktschulden von Bund, Ländern und Gemeinden inklusive der Extrahaushalte, wie z. B. dem Finanzmarktstabilisierungsfonds, betrugen zu Jahresbeginn rund 1.515 Milliarden Euro. Der Bund der Steuerzahler geht davon aus, dass im Laufe des Jahres 2009 insgesamt 140 Milliarden Euro Staatsschulden hinzukommen. Die deutschen Staatsschulden wachsen also derzeit um durchschnittlich 4.439 Euro pro Sekunde. Am Ende des Jahres 2009 werden Bund, Länder und Gemeinden mit voraussichtlich 1.655 Milliarden Euro verschuldet sein. Dieses Schuldentempo bedeutet den Negativrekord in der Geschichte der Bundesrepublik Deutschland. Der Schuldenberg verursacht in diesem Jahr Zinslasten von rund 71 Milliarden Euro, die von den Steuerzahlern zu tragen sind." Weitere Informationen im Internet unter http://www.steuerzahler.de.
[3] Barber 2009.

Erstens sind die Werbeeinnahmen im Kielwasser der Wirtschaftsflaute um fünf bis acht Prozent zurückgegangen.[4] Und zweitens steht seit Krisenbeginn der Vorwurf im Raum, die Wirtschaftsjournalisten würden ihrer Wächterfunktion nicht gerecht: „Hätten die Wirtschaftsjournalisten die Entwicklung vorhersehen können?" In dieser wiederkehrenden Frage schwingt der Vorwurf mit, die Wirtschaftspresse hätte uns warnen und vor dem Übel retten müssen.

Wie viele Volkswirte und Politiker hat aber auch die Mehrheit der Wirtschaftsjournalisten einige Zusammenhänge einfach „nicht kapiert", so der Chefredakteur der Financial Times im Frühjahr 2009[5]. So wollten amerikanische Journalisten zum Beispiel nicht wahrhaben, dass die auf Pump gekauften Eigenheime auf Treibsand standen und versinken mussten, sobald in den USA die Immobilienpreise fielen. Und die Mechanik der auf ungesicherten Hypotheken aufgebauten, „strukturierten", mehrfach umverpackten und bis zur Unkenntlichkeit geschminkten Wertpapiere war selbst den Großbanken nicht vertraut, die sie zu überhöhten Milliardenbeträgen in ihre inzwischen fast wertlosen Anlagebestände übernommen hatten. Wirtschaftsjournalisten wie Normalsterbliche wurden von der Krise einfach überrollt; ihre Informationen und ihr finanzwirtschaftliches Fachwissen reichten nicht aus, um die Konsequenzen einer ungezügelten Hypothekenvergabe auch an Hausbesitzer zu übersehen, die ihre Schulden nur bei fortgesetzter ungebremster Hauspreisinflation jemals hätten begleichen können.

Was menschlich durchaus nachvollziehbar ist, hat für die Wirtschaftsmedien aber unangenehme Konsequenzen: sie verlieren an Glaubwürdigkeit und Reichweiten. Analog zur Politikverdrossenheit könnte man das als Medienverdrossenheit bezeichnen, denn den Menschen vergeht zunehmend der Appetit aufs Zeitunglesen. Und dann wird diese kriseninduzierte Medienverdrossenheit auch noch durch die Medien selbst verstärkt, weil sie die ohnehin schon schwer verdauliche Wirtschaftskost mit falschen Zutaten überwürzen und damit bisweilen bis zur Ungenießbarkeit verzerren.

Für uns war das ein Anlass, den verschiedenen Appetitzüglern nachzuspüren, die uns derzeit das Zeitunglesen verleiden, und anhand des Fallbeispiels der „aktuellen Wirtschaftskrise" aus Sicht einer Hochschullehrerin für Pressearbeit (Kirchhoff) und eines Professors für Statistik (Krämer) zu zeigen, wie man es besser machen kann. Der gemeine Leser erkennt nämlich durchaus, wenn Appetitzügler den Zeitungsberichten beigemischt werden. Er erkennt es am bitteren Geschmack, der beim Lesen entsteht, wenn ihn wieder einmal das Gefühl beschleicht, das soeben Gelesene nicht verstanden zu haben. Wenn er mehr zu sich als zu anderen sagt, „ich bin doch nicht blöd" und sich fragt, ob das, was da steht, tatsächlich stimmt

---

[4] Frankfurter Allgemeine Zeitung, 27. Mai 2009.
[5] Barber 2009.

oder ob ihm bloß jemand ein X für ein U vormachen will. Wer also verstehen will, welche Zeitungszutaten den Appetit aufs Lesen verleiden, wird in diesem Buch einige Antworten und viele Beispiele finden, die sagen „so sollte es eigentlich nicht sein" und Hinweise, wie man es stattdessen anders machen kann.

Geistige Appetitzügler finden wir in vielerlei Gestalt: Es sind Geschichten, die Leser nicht wirklich interessieren, ungeordnete Gedanken, die willkürlich aneinandergereiht daherkommen und frech grinsend sagen: „Sieh zu, wie du mit mir klarkommst", es sind unverständliche, rätselhafte Überschriften, die auf klitzekleine Details anspielen, die tief im Innern des Textes verborgen sind. Es sind Sätze, in denen Wortblähungen und abgewetzte Metaphern inhaltliche Magerkost aufpäppeln, nichtssagende Phrasen von Politikern, Wirtschaftsexperten oder Verwaltungsbeamten, die mit aufgeplusterten Wörtern Tatkraft simulieren und Unwissenheit kaschieren. Es sind Fremdwörter und das aufgeblasene Wirtschaftsenglisch, die ohne Vorwarnung in Texte rasseln, um uns zu verwirren. Und es sind Zahlen, die Vergleiche scheuen oder falsche Statistiken, die ihrem Verfasser mehr als Stütze denn zum Beleuchten eines Sachverhalts dienen. Kurzum – es sind Informationstotschläger, die auch wissbegierigen Lesern das Weiterlesen verleiden.

Natürlich trifft diese Kritik nicht alle Druck-Medien in gleichem Maße. Aber, wie wir zeigen werden, die meisten schon. Vor allem in den Ressorts *Wirtschaft* und *Politik* der regionalen Abozeitungen werden täglich Gerichte gebrutzelt, die Lesern nicht schmecken können. Wenn aber Journalisten es nicht schaffen, das Gespräch über die wichtigsten Ereignisse der Zeit in Gang zu halten, deren Hintergründe aufzudecken und die breite Allgemeinheit soweit zu informieren, dass diese an den einschlägigen Diskussionen teilnehmen kann, dann beschädigt das unsere Wirtschafts- und Gesellschaftsordnung insgesamt. Denn wie anders als hinter einem dichten Schleier von Gleichgültigkeit und Desinteresse konnten die Banken – von Journalisten gänzlich unbehelligt und von Politikern unterstützt – ein auf illusorische Renditen abzielendes Finanzsystem entwickeln? Während wir noch vor El Kaida zitterten, haben scheinbar harmlose Anzugträger in ihren Glaspalästen an einer Zeitbombe gebastelt, die Wirtschaft und Gesellschaft mitten ins Herz getroffen hat. Und wäre dieses Finanzsystem nicht fast zusammengebrochen, so würden sie weiterbasteln wie zuvor.

Dass es im Journalismus tausendundeins Methoden gibt, Leser zu vergraulen, weiß im Grundsatz jeder, Minister und Aufsichtsräte, Bürgermeister und Verwaltungsbeamte, Ärzte und Lehrer, Krankenpfleger und Schornsteinfeger. Unser Buch richtet sich daher nicht nur an die Macher, sondern auch an die Leser der Druckmedien, die irgendwie schon immer gemeint haben, dass „ihre" Zeitung besser sein müsste und die am Beispiel der Wirtschaftskrise wissen wollen, was im Journalismus schiefläuft und was man anders machen könnte. Entstanden ist so eine Art Lesebuch, in dem man querbeet stöbern und sich über einzelne Aspekte zur Qualität der Tageszeitung informieren kann, zusammen mit einem Plädoyer für einen besseren Journalismus. Wie viele Leser hoffen auch wir, dass Journalisten zukünftig mehr die Wünsche der Leser beherzigen und offener, verständlicher und ehrlicher über die wichtigen Themen unserer Zeit berichten.

Wie alle anderen Leser leben auch wir von Zweitinformationen: Was wir über die Krise wissen, kennen wir vom Hörensagen, aus der Zeitung, aus Funk und Fernsehen, aus dem Internet und natürlich aus der Fachliteratur. Bei unseren persönlichen Lesereisen machten wir täglich Station bei den Qualitätszeitungen und einigen regionalen Abozeitungen, strolchten zudem durch die Klassiker der Journalistenausbildung und durch aktuelle Studien. Dabei sind wir auf viele Ideen gestoßen, die uns überzeugt haben und die sich deshalb auch in diesem Buch wiederfinden. Vorreiter zum Thema Stil und Sprache sind Ludwig Reiners und Wolf Schneider, ohne deren geballtes Wissen und Sprachwucht dieses Buch vielleicht gar nicht entstanden wäre. Weitere Anregungen fanden wir bei Klaus Arnold, Norbert Schulz-Bruhdoel, Jürg Häusermann, Verena Hruska und Siegfried Weischenberg, um nur die wichtigsten journalistischen Vorbilder zu nennen. Und natürlich greifen wir auch hemmungslos auf eigene Einsichten zu Lüge und Statistik, Plastikdeutsch und Panikmache zurück, die wir in verschiedenen Büchern dem Publikum schon früher unterbreitet haben.

Osnabrück und Dortmund, im Herbst 2009

1 Spreu und Weizen

„Die These, dass wir nichts wissen, ist ernst gemeint. Es ist wichtig, unsere Unwissenheit nie zu vergessen. Wir dürfen daher nie vorgeben zu wissen, und wir dürfen nie große Worte gebrauchen."

Karl Popper

Klagen über die Qualität der Presse haben eine lange Tradition. Vor allem im Umkreis der Wirtschaftsberichterstattung gären sie schon lange, wie Peter Glotz und Wolfgang R. Langenbucher bereits 1969 in ihrem immer noch lesenswerten Klassiker „*Der missachtete Leser*" gezeigt haben. Vielen Journalisten, so die Hauptthese damals, seien die Leser gleichgültig. Und bis heute, mehr als 40 Jahre später, hat sich daran kaum etwas geändert: Nur allzu oft fühlen sich die Leser von der Wirtschaftspresse alleingelassen.

Das ist eigentlich ungeheuerlich. Schließlich ist der Leser, seitdem das Redaktionsmarketing zumindest die Köpfe der Verleger, wenn auch nicht die Herzen der Redakteure erobert hat, längst kein unbekanntes Wesen mehr. Dank Umfragen, Lesernutzungsforschung und so genannten Copy-Tests sind die Reichweiten der Zeitungen zum Beispiel recht gut bekannt, genauso wie die Tatsache, dass diese seit den 80er Jahren stetig zurückgehen: Laut Allensbacher Markt- und Werbeanalyse etwa von 76 Prozent im Jahr 1980[6] auf 51,3 Prozent im Jahr 2009[7]. In absoluten Zahlen heißt das: heutzutage blättern immer noch etwa 33 Millionen Menschen, die über 14 Jahre alt sind, eine Tageszeitung durch oder lesen sie sogar.

An diesem rückläufigen Zeitungskonsum sind nicht allein das Internet und das veränderte Leseverhalten der Jugendlichen und jungen Erwachsenen schuld, die immer weniger zur Tageszeitung und erst recht nicht zu einer Qualitätszeitung oder einem Wirtschaftstitel greifen. So wissen wir zum Beispiel, dass *„die Nutzungsdauer stark altersabhängig ist. Zeitung wird vor allem von älteren Menschen intensiv gelesen. Jüngere Menschen nehmen sich hingegen weitaus weniger Zeit für die Zeitungslektüre. So liegt die Nutzungsdauer bei den 14- bis 19-jährigen nur bei acht Minuten und bei den 20- und 29-jährigen bei 15 Minuten"*.[8] Im Schnitt verweilen die Leser 90 Sekunden auf einer Seite, gelesen werden rund zehn Prozent der Artikel. Auch lange Artikel sind keineswegs unbeliebt, dort ist jedoch die Abbruchrate besonders hoch. Aber diese zunehmende Zurückhaltung der Jugend bei der Zeitungslektüre ist kein Naturgesetz. Ein weiterer, allein von den Zeitungs-

---

[6] Zitiert nach Mast 2008, S. 71.
[7] http://www.awa-online.de.
[8] Arnold 2009, S. 261.

machern zu verantwortender Grund, warum ihnen das Publikum wegläuft, ist die mangelnde Leserfreundlichkeit der Journalisten.

Diese Tragödie fängt bei der Auswahl der Themen an; was hier falsch gemacht wird, lässt sich später nur schwer reparieren. Wer den Leser für eine Sache interessieren will, sollte – so eine bekannte journalistische Regel aus der Nachrichtenforschung – Themen wählen, die gleichermaßen *aktuell*, *wichtig* und *interessant* sind[9]. Heute sagt man auch *systemrelevant*. Am besten also Themen, die uns alle angehen, an denen keiner vorbeihuschen will und kann. So schwer sollte das Auswählen also eigentlich nicht sein. Speziell in der aktuellen Krise lassen sich die wirklich bedeutsamen Themen leicht identifizieren und auf wenige Bündel reduzieren:

- *Alle Inhalte, die sich um die Banken ranken.* Hierzu zählen Entscheidungen der Europäischen Zentralbank, Analysen zur Situation der Banken in aller Welt und natürlich der Landesbanken in Deutschland, Rettungsaktionen für einzelne Banken wie „Commerzbank", „Deutsche Industriebank" (IKB) oder „Hypo Real Estate" (HRE). Weitere wichtige Bankthemen sind das Bad-Bank-Konzept („Giftbank") und Aussagen von Bankern zur Finanzkrise wie zur Entwicklung der Banken allgemein.
- *Alle Fragen, die sich mit den Ursachen befassen.* Hierzu zählen wissenschaftliche Ursachenanalysen genauso wie Reportagen über die, die uns den ganzen Schlamassel eingebrockt haben. Vor allem, wenn diese Verursacher partout nichts aus der Krise lernen wollen und stattdessen so tun, als wäre nichts gewesen.
- *Alle Maßnahmen der Banken, die die Realwirtschaft gefährden.* Hierzu zählt die Kreditvergabepolitik („Kreditklemme") ebenso wie die Frage, ob Versicherungen das Risiko von Geschäften zwischen Unternehmen ausreichend absichern, so dass einem Unternehmen durch die Insolvenz eines anderen kein Schaden entsteht („Versicherungsklemme").
- *Alle Regierungsmaßnahmen zur Stabilisierung des Finanz- und Wirtschaftssystems.* Hierunter fallen etwa die Abwrackprämie, Konjunkturpakete, Bürgerentlastungsgesetz und – nicht zu vergessen – das „Gesetz zur Fortentwicklung der Finanzmarktstabilisierung" – ein Wort zum auf der Zunge zergehen lassen. Wie sein Vorgänger, das „Finanzmarktstabilisierungsfondsgesetz", ächzt es sehr unter seiner eigenen Gewichtigkeit und Last.

---

[9] Schneider/Raue 2000, S. 54 ff.

Es gäbe also für die Wirtschaftspresse hinreichend Themen mit beispiellosem Nachrichtenwert, mit Folgen für alles und jeden, 1a-Nachrichten, die das Zeug zum Dauerbrenner haben. Vorausgesetzt, sie werden gut gemacht.
Jetzt der Zeitungsalltag. Hier findet man diese Stoffe eher schlecht gemacht oder überhaupt nicht vor. Besonders die Wirtschaftsseiten der regionalen Tageszeitungen verzetteln sich in Berichten über Einzelfälle über Konzerne mit Problemen, die vielleicht am Anfang – beim Auftauchen des Problems – noch für viele Leser interessant sein mögen, die aber durch zu langes Aufkochen ihren Nachrichtenwert einbüßen, bis schließlich die Leser ihrer überdrüssig werden.

Das Drama endlos langer Geschichten mit magerem Inhalt

Journalisten filtern aus dem Meer der Informationen diejenigen Nachrichten heraus, die wir benötigen, um uns in dieser Welt zurechtzufinden. So stellt man sich den idealen Zeitungsmacher vor. Aber der Alltag sieht anders aus. Erfasst wird nämlich nur ein klitzekleiner Ausschnitt der Wirklichkeit. Allein in Deutschland könnten Wirtschaftsjournalisten aus dreimillionenvierhundertfünfzehntausend Unternehmen berichten, die Umsatzsteuervorauszahlungen an das Finanzamt leisten und deshalb vom Statistischen Bundesamt in Wiesbaden als Wirtschaftsbetriebe erfasst werden. Aber aus diesen mehr als drei Millionen wurden etwa im Frühjahr/Frühsommer 2009 gerade einmal drei ausgewählt: General Motors (GM)/Opel, Porsche/Volkswagen (VW) und Arcandor/Quelle. Diese Firmen beherrschten die Wirtschaftsseiten der regionalen Tageszeitungen und wurden so zu einer Art „unternehmerischem Gesicht der Wirtschaft Deutschlands". In Spitzenzeiten berichtete die Wirtschaftspresse sogar täglich über einen der „drei Doppel". Weder berühmte Traditionsmarken mit argen Nöten oder gar Existenzsorgen wie Märklin, Schiesser, Rosenthal, MAN, Thyssen Krupp, Schaeffler/Continental, Heidelberger Druckmaschinen, Siemens oder Hertie, noch Banken mit hohem Risikopotential wie IKB, HRE (Verzeihung: Deutsche Pfandbriefbank AG), Commerzbank oder auch die Landesbanken, noch die milliardenschweren Rettungsprogramme der Bundesregierung konnten es mit diesen drei Doppeln aufnehmen. Wenn sie zum PR-Spiel aufschlugen, verdrängten sie die anderen – auch die vier wichtigen Krisenthemen – zumindest in den von uns beobachteten regionalen Abozeitungen in die zweite Reihe.
Auch bei den überregionalen Zeitungen hatten die drei Doppel einen hohen Stellenwert, allerdings kamen bei der *Frankfurter Allgemeinen Zeitung (F.A.Z.)*, der *Financial Times Deutschland (FTD)*, der *Süddeutschen Zeitung (SZ)*, der *Frankfurter Rundschau (FR)* und der *taz* auch andere Themen an prominenter Stelle vor.

Die Marktführerschaft der drei Doppel lässt sich allerdings nicht mit ihrer Bedeutung erklären. Denn keines dieser drei Unternehmenspaare ist auch nur ansatzweise „systemrelevant". Außerdem hatten sie allenfalls peripher etwas mit der Wirtschafts- und Finanzkrise zu tun, waren ihre eigenen „Krisen" doch größtenteils ein Resultat von Managementfehlern und damit hausgemacht. Aber dieser feine und gar nicht kleine Unterschied ging in der allgemeinen Berichterstattung vielfach unter. Oft wurde der Krise gar die Hauptschuld und den Unternehmen ein unverdienter Opferstatus zugeschrieben.

Aller Abwesenheit von Systemrelevanz zum Trotz war etwa Porsche im April 2009 ein täglicher Topkandidat für einen Aufmacher. Denn hier kamen gleich drei publikumswirksame, wenn auch aus höherer Warte weniger wichtige Nachrichtenfaktoren zusammen: eine elitäre Marke, mehrere prominente Personen und eine attraktive Branche mit einem noch attraktiveren Produkt – plus einer dramatischen Übernahmeschlacht. Mehr braucht es für eine Seifenoper nicht: „Dallas" in Deutschland, mit den beiden Dickköpfen Ferdinand Piëch und Wendelin Wiedeking in den Hauptrollen. Der VW-Aufsichtsratschef und Porsche-Großaktionär Ferdinand Piëch als Enkel des Porsche-Gründers und Vater von zwölf Kindern in der Rolle des sturen mächtigen Patriarchen, genannt „der Alte". An seiner Seite: Christian Wulff, Ministerpräsident und Schwiegermutters Liebling. Ihr Widersacher: Porsche-Chef Wendelin Wiedeking, als Bezieher eines 80-Millionen-Euro-Jahresgehalts, der in seiner Freizeit gern Kartoffeln züchtet, desgleichen eine Traumbesetzung.

Aber auch in den Nebenrollen glänzten Spitzenkandidaten: Zum einen Uwe Hück, dank Wiedeking zweiter Mann im Porsche-Aufsichtsrat und Betriebsratschef, als kahlköpfiger Ex-Europameister im Thaiboxen und Fahrer eines roten Porsche immer gut für Fotos. Zum anderen Wolfgang Porsche (kurz: WoPo), spät berufener zaudernder Porsche-Chef und allseits beliebter Party-Gänger. Und Baden-Württembergs Ministerpräsident Günther Oettinger (gut bekannt mit WoPo) als Statist. Anders als sein niedersächsischer Amtskollege hatte er bei der Rollenbesetzung weder einen Aufsichtsratsposten noch das VW-Gesetz und damit irgendwelche Macht auf seiner Seite.

Der Inhalt des Stücks ist eher banal: Wer übernimmt wen? David (= Porsche mit 12.200 Arbeitsplätzen) Goliath (= VW mit 369.500 Arbeitsplätzen) oder doch Goliath David? Wir erleben eine Fehde, bei der keine Seite der anderen etwas schenkt, ein Kampf mit harten Bandagen. Es wird gestritten, intrigiert und manipuliert – gestichelt, gehetzt und gelogen. Und zwar sowohl vor als auch hinter den Kulissen. Einen halben Frühling und einen halben Sommer lang!

Was aber im April ganz interessant und aufgrund des Staraufgebots zunächst noch unterhaltsam ankam, war spätestens seit dem 12. Mai 2009 langweilig und ausgereizt. An diesem Tag ließ Ferdinand Piëch auf Sardinien das Universum wissen, dass er sich Wiedeking als Chef im neuen Gesamtkonzern nicht vorstellen könne. Das galt in der Presse als öffentliche Hinrichtung und hätte die Geschichte eigentlich beenden müssen. Streit ja, Berichte nein. Am 12. Mai 2009 hätte die Presse sagen müssen: „Ohne uns. Aus. Vorbei. Wir warten auf den Frieden." Aber statt zu sagen, „na wenn schon, lass sie streiten", mischten die Medien selber kräftig mit.

Die Presse – selbst die Qualitätszeitungen – erschuf sich ihr Drama selbst und ließ sich viel zu oft zum Handlanger machen. Sie machte das von den PR-Leuten inszenierte Hüh und Hott, tagein, tagaus zu Nachrichten und wirkte so aktiv am Ausgang des „Falles Wiedeking" und seiner öffentlichen Demontage mit. Und das auch auf die Gefahr hin, dass Mogelpackungen mit heißer Luft und wenig Inhalt in Umlauf kamen, die nie das Licht der Öffentlichkeit hätten erblicken und die nie die Pforten der Journalisten hätten passieren dürfen. Nachrichten-Neuigkeitswert? Fehlanzeige. Neue Fakten? Fehlanzeige. Neutralität? Fehlanzeige. Quellentransparenz? Fehlanzeige. Achtung der Menschenwürde? Fehlanzeige.

Die Darsteller in Zitaten

> *Ferdinand Piëch:* „Zur Zeit noch. Streichen Sie das ‚noch'!"
> *(VW-Aufsichtsratchef Ferdinand Piëch am 12. Mai 2009 auf die Frage, ob Wiedeking sein Vertrauen genießt.)*

> *Wendelin Wiedeking*: „Der Einstieg bei VW war meine Idee (…). Durch die geordnete Zusammenarbeit mit VW schaffen wir einen Systemsprung. (…) Das Land Niedersachsen und wir werden eine gemeinsame Linie finden. Beide sind an einer Lösung interessiert."
> *(Porsche-Chef Wendelin Wiedeking im Dezember 2005 in der „Süddeutschen Zeitung".)*

> „Ich werde meinen Vertrag erfüllen. Bis 2012 bleibe ich der Firma erhalten. Da machen sie sich mal keine Sorgen."
> *(Wiedeking am 5. Oktober 2008 in der „Frankfurter Allgemeinen Sonntagszeitung".)*

> „Es tut mir in der Seele weh." „Es muss aufhören mit der Beschädigung von Porsche."
> *(Wiedeking bei seinem Abschied am 23. Juli 2009 in Stuttgart.)*

> *Christian Wulff*: „Meine Mittel sind die sehr guten Kontakte zu arabischen Investoren und das VW-Gesetz, wonach Niedersachsen mit 20 Prozent Aktien eine Sperrminorität hat."

Porsche-Betriebsratschef Uwe Hück: „Wer mir vorwirft, ich sei ein Weichei, der sollte mal mit mir in den Ring steigen."
(Spiegel, 2. August 2009)

„Wulff will Porsche kaputtmachen, um uns danach billig einzukaufen."
(Porsche-Betriebsratschef Uwe Hück, Spiegel, 15. Juli 2009.)

„Uwe Hück fürchtet offenbar um Privilegien. Anders lassen sich seine Polemik und seine unwahren Behauptungen kaum erklären."
(Ein Sprecher der Staatskanzlei in Hannover in einer umgehenden Reaktion – gegenüber dpa, 15. Juli 2009.)

„Wir Niedersachsen versuchen immer dort zu sein, wo der Ball demnächst hin kommt und ihn dann ins Tor reinzubringen. Und nicht immer alle hinter dem Ball herzulaufen."
(Wulff zum Vorwurf, er sei der verlängerte Arm des VW-Aufsichtsrat-Vorsitzenden Ferdinand Piëch, 23.07.2009.) (Quelle: dpa)

Warum blieb die journalistische Qualität über Wochen und Monate auf der Strecke? Oder anders formuliert: Was waren die Web- und Auswahlfehler? Hierfür bieten sich zwei Erklärungen an: Zum einen war die Substanz schlichtweg zu mager für eine längere Serie und zum anderen kochten die Medien zu sehr im eigenen Sud und verloren alsbald die Leserhaftung und damit vielfach auch das Leserinteresse.

Ein Staraufgebot allein macht noch keinen Straßenfeger, nur Substanz hält Leser bei der Stange. Anders als bei Seifenopern kann eine Dokumentation aufeinanderfolgender Ereignisse nicht auf ein Drehbuch zurückgreifen, eingeplante dramatische Höhen und Tiefen fehlen, der reine Personenrummel nutzt sich ab. Bei Porsche wie bei Opel und Arcandor gab es vielleicht in der Stunde Null – als Problem Y erstmals zutage trat – noch einen hohen, für einen interessanten Einstiegsbericht tauglichen Neuigkeitswert. Aber da der weitere Verlauf und erst recht der Ausgang der Geschichte im Ungewissen lagen, waren das Eintönigkeitsrisiko und damit die Gefahr, zum Langweiler zu werden, ungewöhnlich hoch.

Was aber machen (weniger gute) Journalisten, wenn es keine fesselnden Höhen und Tiefen gibt, wenn sich nichts wirklich Berichtenswertes ereignet? Schlimmstenfalls greifen sie nach Strohhalmen wie Andeutungen, Gerüchten und Spekulationen und lassen sich so vor den Karren von Strippenziehern spannen. Auf jeden Fall produzieren sie ein Stück mit vielen Längen. Denn zum Unglück der Journalisten und der Leser addiert sich hier zweierlei: Der dürftige Inhalt und der Zwang zur Wiederholung, der kleinen Schwester der Langeweile. So wiederholen sich ganze Textpassagen Tag für Tag, damit Leser jederzeit in das Geschehen einsteigen können. Was am Tag 2 der Berichterstattung noch angehen mag, ist am Tag 4 bereits fad, am Tag 50 öd und am Finaltag X fast unerträglich. In solchen Fällen sind selbst begabte Schreiber dazu verdammt, ein lahmes Stück in Szene zu setzen. Ein Stück, bei dem man sich beizeiten vom Seriengedanken hätte verabschieden müssen, um nur noch über die entscheidenden Szenen zu berichten, und zwar über „Spiel, Satz und Sieg".

Das Kochen im eigenen Sud, dass Medien sich selbst genügen und auch dann noch ein Medienfeuer in Gang halten, wenn die Kohle nurmehr glimmt, ist der zweite Web- und Auswahlfehler. So neigen viele Journalisten dazu, *„wichtige Themen außerhalb des Journalismus nicht mehr adäquat wahrzunehmen"*[10] und so die Bodenhaftung und die Leserorientierung zu verlieren. Die Leitmedien wie *Süddeutsche Zeitung* und *F.A.Z.*, aber auch der *Spiegel* und mehr und mehr die Online-Angebote der großen überregionalen Zeitungen und Nachrichtenmagazine, an denen sich viele Journalisten ausrichten, gehen hier manchmal mit schlechtem Beispiel voran. Dabei muss der gemeine Tageszeitungsjournalist bei einer Provinzpresse gar nicht mal alle überregionalen Zeitungen oder Nachrichtenmagazine selber lesen; denn die Nachrichtenagenturen – deren Dienste fast alle Zeitungen abonniert haben – nehmen den Redakteuren diese Arbeit ab. Auch versorgen sie die Wirtschaftspresse täglich mit Übersichten, was wo in der Wirtschaft passiert und worüber die Nachrichtenagenturen im Verlauf des Tages zu berichten gedenken. Diese Tagesübersicht enthält zu einem Großteil PR-Termine, also von den Unternehmen oder der Politik initiierte Ereignisse wie Pressekonferenzen, was bei mäßiger Eigeninitiative, die sich sowohl in den Nachrichtenagenturen wie in den Wirtschaftsredaktionen beobachten lässt, zum vielfach kritisierten Termin- oder Verlautbarungsjournalismus führt. Die Bedeutung der Nachrichtenagenturen ist hierbei nicht zu unterschätzen: So stellen sie mit ihrer Vorauswahl oft die Weichen und entscheiden, ob eine Nachricht überhaupt zur Nachricht wird und auf den Bildschirm der Tageszeitungsredakteure gelangt.

Im Fall Porsche überboten sich die überregionalen Medien beinah täglich mit neuen Informationen, mit in der Regel eher fragwürdigem Nachrichtenwert und Wahrheitsgehalt; oft wurde mit Andeutungen und Gerüchten, zuweilen auch mit Falschaussagen jongliert. Die überregionalen Tageszeitungen schielten zur Konkurrenz nach links und nach rechts und spiegelten sich am Ende nurmehr selbst. Gefangen und beseelt von ihren eigenen Recherchekünsten, brüsteten sie sich mit noch so kleinen Brosamen, die ihnen aus der prall gefüllten Gerüchteküche zugeworfen wurden. Und wunderten sich schließlich, als die Gewerkschaften nach der

---

[10] Weischenberg/Malik/Scholl 2006, S. 148.

Übernahmeschlacht den Vorwurf erhoben, „die Medien seien an der öffentlichen Hinrichtung Wiedekings schuld".

Aufgrund des Wühleifers der bei den Leitmedien angestellten Journalisten konnten die Nachrichtenagenturen gleich mehrfach täglich verkünden, welches Medium wieder welche Botschaft aus diesen oder jenen Kreisen im Umfeld der Streithähne vernommen haben wollte. Mit dem journalistisch eher unwürdigen Ergebnis, dass Spekulationen und Dementis teilweise echte Inhalte ersetzten und auch die alte Journalistenregel „*was nicht wahr ist, darf keine Nachricht werden*"[11] verletzt wurde.

Hüh und Hott

> *dpa, 15.07.2009 – 16.35 Uhr*
> Auto/Porsche/(Achtung) = Laut „*WirtschaftsWoche*" verlässt Porsche-Chef Wiedeking das Unternehmen. dpa bemüht sich um eine Bestätigung.

> *dpa, 15.07.2009 – 16.45 Uhr (Eil)Porsche-Sprecher: Wiedeking ist im Amt*
> Stuttgart (dpa) – Der Sportwagenbauer Porsche hat Meldungen als falsch und konstruiert zurückgewiesen, dass Vorstandschef Wendelin Wiedeking das Unternehmen verlässt. „Das ist falsch und das ist Mobbing", sagte ein Sprecher am Mittwoch in Stuttgart. „Wiedeking ist im Amt." Die „*WirtschaftsWoche*" hatte berichtet, der Manager würde das Unternehmen verlassen. Schon in Kürze werde über den Nachfolger entschieden. Als kommissarischer Nachfolger soll ein Konzernmanager gewonnen werden, der sowohl bei Porsche als auch bei VW Führungsaufgaben hatte.

> *dpa ergänzt am 15. Juli 2009 um 17.05 die Meldung wie folgt:*
> Stuttgart (dpa) „Das ist ein ganz hartes Dementi", sagte der Porsche-Sprecher. „Hier wird ein Medienkrieg geführt." Der Sprecher betonte, dass es auch noch keine Einigung der Familien Porsche und Piëch über die Zukunft des Sportwagenbauers und VW gegeben habe.

> *dpa 19. Juli 2009: Piëch setzt sich durch: VW will Porsche komplett übernehmen*
> Über Wiedekings Ausscheiden wird seit Tagen spekuliert, seine Ablösung wurde aber von Porsche-Aufsichtsratschef Wolfgang Porsche dementiert. Dies könnte allerdings auch damit zusammenhängen, dass ein solcher Beschluss dem Kapitalmarkt offiziell mitgeteilt werden müsse, wird in Branchenkreisen gemutmaßt. Die „*Süddeutsche Zeitung*" schrieb, die Familien hätten sich noch nicht endgültig auf einen Nachfolger

---

[11] Hruska 1999, S. 15.

geeinigt. Zuvor war spekuliert worden, Produktionsvorstand Michael Macht solle Wiedeking nachfolgen.

dpa 21. Juli 2009: Ruhe vor dem Sturm bei Porsche und VW
Wiedeking sei weiterhin im Amt, sagte der Porsche-Sprecher. Es sei auch keine Sitzung des Präsidialausschusses des Porsche-Aufsichtsrates anberaumt worden. Dieses vierköpfige Gremium, in dem Aufsichtsratschef Wolfgang Porsche und Hans Michel Piëch sowie die beiden Betriebsratsvorsitzenden von Porsche und VW, Uwe Hück und Bernd Osterloh sitzen, entscheidet über eine mögliche Absetzung des Managers.

Solchen Eigentoren sollten weitere folgen: Die *Süddeutsche Zeitung* wollte beispielsweise kurz vor der Ablösung des Porsche-Chefs gehört haben, dass Wiedeking eine Abfindung in Höhe von 100 Millionen Euro erhalten sollte (und stellte auf ihrer Hintergrundseite am 17. Juli 2009 prompt „Die 100-Millionen-Euro-Frage"). Die Woche darauf erhöhte die *Süddeutsche Zeitung,* abermals aufgrund von Hörensagen, ihr eigenes Angebot auf nunmehr 255 Millionen Euro, um sich dann einen Tag später – als die Fakten auf dem Tisch lagen – mit einem Fünftel zufriedengeben zu müssen. Oder mit den Worten der *Süddeutschen Zeitung*: *„Und siehe da: Die Abfindung liegt mit 50 Millionen Euro gerade mal bei einem Fünftel der kolportierten Summe."[12]*

Der als selbstbewusst geltende Wiedeking nahm es mit Galgenhumor und spendete 500.000 Euro seiner 50-Millionen-Euro-Abfindung für notleidende Journalisten.

Wer mehrmals in Folge öffentlich Mutmaßungen anstellt und diese auch noch mit Kommentaren der Marke „für den Fall, dass" unterfüttert, setzt seine Glaubwürdigkeit aufs Spiel und muss sich den Vorwurf gefallen lassen, dass hier eher Politik gemacht als über Politik berichtet wird. Obendrein verprellt man so seine Leser. Nicht nur, weil aufgewärmte Kost meistens auch genauso schmeckt und Leser durchaus wahrnehmen, wenn ihnen brühwarm weitererzählte Gerüchte aufgetischt werden. Werden Leser beispielsweise zur Qualität der Presse und ihren Wünschen gefragt, wie in einer repräsentativen Befragung von Klaus Arnold zur Qualität der Presse, so gibt zumindest ein Drittel der Befragten an, sie hätten den Eindruck, *„ihre Zeitung sei von politischen, wirtschaftlichen oder anderen Gruppierungen abhängig"*[13].

Zum Glück der Journalisten wurde bisher nicht gefragt, wie Leser es finden, wenn erfolgreiche Manager sich wie Sandkastenbuben aufführen. Und auch nicht, ob sie über die Zankerei laufend informiert werden möchten. Sonst hätte

---

[12] Susanne Preuß in der Süddeutschen Zeitung am 24. Juli 2009 „Die Fliehkräfte eines Überholmanövers".
[13] Arnold 2009, S. 429.

man vielleicht zu Hören bekommen, dass der gemeine Leser weder täglich, noch wöchentlich und erst recht nicht über Monate hinweg in die Streitereien anderer Leute eingebunden werden möchte.

Neues Spiel, neues Glück

Die Ausgangslage im Opel-Drama glich der bei Porsche. Es gab verschiedene interessante Protagonisten und ein substanzarmes Thema, dem schon nach wenigen Tagen die Puste ausging und das von den Medien über lange Strecken künstlich beatmet werden sollte.

Die Hauptrolle bei Opel spielte das Geld, eine Sofortzahlung des Staates in Höhe von 300 Millionen Euro, ein Überbrückungskredit von 1,5 Milliarden Euro und Bürgschaften von bis zu 4,5 Milliarden Euro, die der Bund zusätzlich übernehmen soll, um einen Betrieb mit 25.000 Arbeitsplätzen in Deutschland zu retten. Es ging also um Arbeitsplätze, die dem Steuerzahler teuer zu stehen kommen und damit um ein Thema mit hohem Nachrichtenwert.

Neben dem Geld finden wir in einer weiteren Hauptrolle einen jungen, gut aussehenden Adligen, den Freiherrn Theodor von und zu Guttenberg, der so-mir-nichts-dir-nichts zum Wirtschaftsminister gekürt wurde und seither seinem Widersacher Frank-Walter Steinmeier nebst den Gewerkschaften Paroli bietet. Je nach Bundesland, in dem Opel Standorte hat, standen dem Kanzleranwärter-Gewerkschafts-Team noch die damaligen Ministerpräsidenten Kurt Beck, Jürgen Rüttgers, Roland Koch und Dieter Althaus zur Seite. Die Kanzlerin gab nur ein kurzes Stelldichein. So verkündete sie nach nächtelangen Verhandlungsrunden dem Volk Ende Mai 2009, dass Opel ein „besonderer Fall" sei und sich nicht mit anderen vermeintlich ähnlich gelagerten Fällen wie Arcandor vergleichen ließe. In Nebenrollen finden wir des Weiteren anfangs vier Bieter, die Opel übernehmen wollten:

- Der bei Opelaner unbeliebte *Fiat-Konzern*. Der musste schon Mitte Mai seinen Hut aus dem Ring nehmen, da waren es nurmehr drei.
- Der kanadisch-österreichische Automobilzulieferer Magna mit einem schillernden Chef Frank Stronach, der auf eine vom-Tellerwäscher-zum-Millionär-Karriere zurückblicken kann. Er mauserte sich zusammen mit der russischen Sberbank alsbald zum Liebling der Opelaner und wurde damit im Wahljahr auch Favorit der Bundesregierung, wenn auch nicht der von General Motors, die ihr Fachwissen nicht mit den Russen teilen wollten.
- Der chinesische Autohersteller BAIC. Versuchte zwischendurch auch mitzubieten, war aber wegen des den Chinesen allgemein anhaftenden Plagiatsverdachts von vornherein chancenlos.

- Der Vierte im Bunde, der sich besonders auf der Zielgeraden bis zu General Motors vorarbeiten konnte und von den Opelanern aufgrund eines Heuschreckenimages misstrauisch beäugt wurde, war der Finanzinvestor und Ripplewood-Ableger RJH International.

Der Kern der Geschichte ist schnell erzählt: Ein vor der Insolvenz stehendes Unternehmen, das bereits seit Jahren Absatzschwierigkeiten hat und nach eigenen Angaben auch im Abwrackprämienjahr 2009 mit einem weiteren Absatzrückgang rechnet[14], soll, komme was wolle, weiter betrieben werden. Dabei suchte die amerikanische Mutter des Opelkonzerns, General Motors, in erster Linie einen ihr genehmen Käufer, ehe sie sich im November 2009 überraschend dafür entschied, Opel doch nicht zu verkaufen.

Im Grunde eine unspektakuläre Sache, wären da nicht die endlosen Verhandlungen mit immerwährenden Detailänderungen gewesen. Genau genommen wurde dem Leser eine von Konzepten getragene Geschichte geboten, und weil die Konzepte nicht trugen, wurden stattdessen die Verhandlungen groß inszeniert und beschrieben: In allen Details, mit Stimmungen vom Tag und aus der Nacht. Denn verhandelt wurde immer – im Mai 2009 noch mit intensiver Beteiligung der Bundesregierung und von Juni bis September 2009 eher hinter verschlossenen Türen. Die Leser hatten also Teil an der Karriere eines Konzeptes, was an sich schon langweilig anmutet. Noch dazu, weil die Karriere des Magna-Konzeptes nicht gerade vielversprechend verlief: Von „nicht tragfähig" Anfang Mai, über „verbessert" Mitte Juni und „substanziell verbessert" Ende Juni hin zum schlichten „nachgebessert" Ende August. Was so viel heißt wie „es war immer noch nicht gut (genug)" – und damit im Grunde keine Nachricht wert.

Sechs Monate nach Beginn des Bieterwettbewerbs um Opel konnte man selbst bei Journalisten leichte Ermüdungserscheinungen erkennen, die sich in Fehlern niederschlugen, die den Eindruck erweckten, die Texte würden nicht mal mehr redigiert. Siehe das folgende Beispiel:

> Ein wichtiges Signal für die weitere Entwicklung des Übernahme-Wettstreits wird von der gestern Abend in Detroit *beginnenden zweitägigen* Sitzung des neu formierten GM-Direktoriums erwartet.

Kein Wunder, dass der Redakteur bei dieser verquasten Sprache eingenickt ist. Im wachen Zustand jedenfalls hätte er diesen Text umformuliert und das Satzmonster „*von der gestern abend in Detroit beginnenden zweitägigen Sitzung*" in ein schlichtes, aber korrekteres „von der Sitzung, die gestern begonnen hat, wird

---

[14] Kommentar von Christoph Ruhkamp in der F.A.Z. (30. Juli 2009): Opel steckt fest.

erwartet" verwandelt oder noch besser in ein klares „seit gestern tagen" übersetzt. Da der Sitzungsbeginn bereits Schnee von gestern und überdies völlig uninteressant ist, hätte man sich diese umständliche Formulierung aber besser ganz gespart.

Der Text hat aber noch weitere Mängel: So ist der Ton des Berichts einschläfernd, weil die veraltete Verlautbarung eines Pressesprechers eins zu eins übernommen wurde:

> GM werde die Entscheidung über die Zukunft von Opel in Absprache mit der deutschen Bundes- und den Landesregierungen, dem US-Finanzministerium und dem GM-Aufsichtsgremium „vorbereiten und abschließen", teilte der US-Autobauer mit. Derzeit würden alle Entscheidungsträger die Angebote prüfen und hinsichtlich ihrer wirtschaftlichen Tragfähigkeit prüfen.
> (*Neue Osnabrücker Zeitung*, 4. August 2009)

Das ist überflüssiges Wortgeklimper. Wie kann ein Pressesprecher nach sechs Monaten ungestraft erzählen, dass man die Entscheidung über die Zukunft vorbereiten (!) und (vielleicht endlich) abschließen will. Sind sechs Monate Vorbereitungszeit denn nicht genug? Spätestens hier hätte man aufwachen, hätte das Gefasel als Gefasel entlarven und es vor allem ignorieren müssen. Schließlich warten wir seit Mai 2009 auf den – damals bereits in Aussicht gestellten schnellen (!) Abschluss der Verhandlungen. Und auch der letzte Hinweis, dass die Angebote geprüft werden, war so überflüssig wie ein Kropf: War doch die Information weder neu, noch aktuell, noch überraschend.

Bei dieser Auswahl stellten sich viele Leser – vor allem Leser, die in der Automobilindustrie arbeiten wie zum Beispiel bei Aksys in Trier (1.900 gefährdete Arbeitsplätze[15]), Edscha in Remscheid (bis zu 5.800 gefährdete Arbeitsplätze) oder Karmann in Osnabrück (3.400 gefährdete Arbeitsplätze) – ohnehin die Frage „alles Opel, oder was?"

Betrachtet man die Themen, die im weiteren Verlauf des Sommers die Schlagzeilen beherrschten, muss man sich die Frage stellen, ob Deutschland in der Krise keine echten Sorgen hatte. Statt um die besten Lösungen zur Ankurbelung der Konjunktur und zur Bewältigung der Finanzkrise zu streiten, stürzten sich Politik und Medien auf Fehler der Regierungsangehörigen: mal stand Gesundheitsministerin Ulla Schmidt (SPD) wegen der privaten Verwendung ihres Dienstwagens im Rampenlicht, mal Wirtschaftsminister Theodor von und zu Guttenberg (CSU), weil er sich vom Finanzberater Linklaters einen Gesetzentwurf schreiben ließ, mal musste sich Bundeskanzlerin Angela Merkel (CDU) wegen eines vermeint-

---

[15] Die Zahl der gefährdeten Stellen hat im Verlauf der letzten Monate erheblich geschwankt, weil in der Zwischenzeit bei den Unternehmen entweder Stellen abgebaut (Karmann) oder gerettet wurden (Edscha). Hier werden deshalb die am Anfang der Insolvenzverfahren veröffentlichten Zahlen angeführt.

lichen Geburtstags-Dinners für Deutsche-Bank-Chef Josef Ackermann vor dem Haushaltsausschuss rechtfertigen. In allen Fällen war das Medienecho umgekehrt proportional zur Bedeutung des jeweiligen Themas. Als etwa der Haushaltsausschuss des Bundestages im Jahr 2008 den Bankenrettungsschirm in Höhe von 480 Milliarden Euro aufspannte, warteten nur fünf Journalisten auf die Politiker. Dagegen zählte der Korrespondent der *Frankfurter Rundschau* „*zwei Dutzend Kamerateams und unzählige Fotografen*" (*FR*, 27. August 2009), als die obigen Skandälchen auf der Tagesordnung standen. Dieses krasse Ungleichgewicht von nichtigen und wichtigen Themen in Wahlkampf- und Krisenzeiten fiel auch den Qualitätsmedien auf. So begrüßte die *F.A.Z.* einen Gesetzentwurf von der damaligen Justizministerin Brigitte Zypries und dem damaligen Finanzminister Peer Steinbrück zur Bankenrettung mit dem Hinweis, endlich habe „ein *inhaltsschweres Thema*" Eingang in den Wahlkampf gefunden (*Frankfurter Allgemeine Zeitung*, 27. August 2009).

Wer sich also aus seiner Tageszeitung nicht ausreichend über die Krise informiert fühlt, liegt mit seinem Gefühl goldrichtig.

Opel: Verhandlungen, Tagungen, Sitzungen als Dauerbrenner

Wichtig oder nicht? Oder doch eine Zumutung für den Leser? Entscheiden Sie selbst!

Diese Zusammenfassung der Deutschen Presse-Agentur vom 6. August 2009 illustriert, wie Deutschlands führende Nachrichtenagentur Informationen gewichtet. Die kursiv gesetzten Textpassagen beschreiben Verhandlungsmodalitäten und die fett gesetzten Texte die Inhalte. Hier wird deutlich, dass die Verhandlungen die Hauptsache und die Inhalte Nebensache waren.

6. August 2009, 20.02 Uhr

Auto/Opel/
(Zusammenfassung 2000 – neu: Magna-Kreise)
Rennen um Opel: GM verhandelt mit Magna

Detroit/Rüsselsheim (dpa) – Im Rennen um Opel setzen sich die bisherige Konzernmutter General Motors (GM) und der Bieter Magna an einen Tisch: An diesem Freitag treffen GM-Chef Fritz Henderson und Magna-Chef Siegfried Wolf zu einem Gespräch in Detroit zusammen. Das bestätigte die hessische Staatskanzlei am Donnerstag indirekt. Es sei gut, dass es dieses Treffen am Freitag in Detroit gebe, hieß es.

Auch Magna-Kreise bestätigten die Zusammenkunft der beiden Unternehmenschefs. »Wir sind zuversichtlich, dass die offenen Punkte noch geklärt werden können«, sagte eine mit den Verhandlungen vertraute Person in Wien.

Nach Informationen der »Frankfurter Allgemeinen Zeitung« (F.A.Z.) wollen die Vorstandsvorsitzenden über die noch offenen Fragen verhandeln. Allerdings hat sich GM trotz des starken politischen Drucks aus Deutschland zugunsten von Magna noch nicht entschieden und strebt auch keine rasche Lösung an.

GM-Verhandlungsführer John Smith widersprach Presseberichten, wonach Magna bereits ausgewählt worden sei. »Dies ist nicht der Fall«, schrieb Smith am Donnerstag in einem Internet-Blog. *Die Gespräche sowohl mit dem kanadisch-österreichischen Autozulieferer als auch mit dem Finanzinvestor RHJ International (RHJI) dauerten an. Verwundert über diese Äußerungen zeigte sich Hessens Regierungssprecher Dirk Metz (CDU): »Offenbar gehört so etwas zum Pokern bei Verhandlungen dazu.« Die Landesregierungen mit Opel- Standorten haben sich klar für Magna ausgesprochen. Eine mit den Gesprächen vertraute Person sagte der F.A.Z.: »Das Treffen ist grundsätzlich ein gutes Zeichen für Magna.« Ob es zu einem Durchbruch zugunsten von Magna komme, sei aber offen.* **Der Grund sei vor allem eine neue Forderung von GM: Die Amerikaner, die mit 35 Prozent an Opel beteiligt sind, wollten eine Garantie, dass ihr Anteil nicht unter 20 Prozent sinkt.** Die Zeitung berief sich auf Kreise der vier Bundesländer mit Opel-Standorten und Magna-Konzernkreise. Ein GM-Sprecher in Detroit wollte das Treffen auf Anfrage nicht bestätigen.

»Mehr wird in den nächsten Wochen mitgeteilt«, sagte Smith. GM dämpfte damit die Euphorie der Landesregierungen mit Opel-Standorten, jetzt rasch zu einer Einigung zu kommen. Sie hatten optimistisch erklärt, eine Einigung sei noch in dieser Woche möglich.

Nach den Worten von GM-Vorstand Smith hat es konstruktive Gespräche sowohl mit Magna als auch mit dem zweiten Bieter RHJI gegeben. Smith sprach von Fortschritten, allerdings sei es nicht einfach, angesichts der vielen beteiligten Interessengruppen zu einer Entscheidung zu kommen. GM bevorzugt nach wie vor das Konzept des Finanzinvestors RHJI, das Smith »das einfachere Konzept« nannte.

Mit Magna habe es zu Beginn der Woche etwa 30 offene Fragen gegeben, von denen ein Drittel abgearbeitet sei. Die anderen noch ungeklärten Punkte beim Magna-Konzept seien aber nur schwer zu lösen. Teilweise sei man auch auf Dinge zurückgekommen, die schon als abgehandelt gegolten hätten.

Eine der Schlüsselfragen für GM sei die des geistigen Eigentums, schrieb Smith in seinem Blog. »Der Verkauf sollte nicht zu einer Pipeline werden, in der wertvolles geistiges Eigentum mit unbekanntem Ziel verfrachtet wird.« Zu den ungelösten Fragen zählte der GM-Verhandlungsführer aber unter anderem auch die Rolle Russlands und die Entwicklungsverantwortung.

Magna-Kreise in Österreich bestätigten, Hauptstreitpunkt bei den Verhandlungen seien momentan noch die Patentrechte. **GM fürchte, dass durch die Magna-Kooperation mit dem russischen Autobauer Gaz firmeneigenes Know-how an einen Konkurrenten fließen könnte. Dies schien nach den Angaben aus Magna-Kreisen ausgeräumt. Magna habe sich unter anderem bereiterklärt, der früheren Opel-Mutter GM ein Vetorecht zuzugestehen, falls ein Opel-Anteil mit Patentrechten an Dritte weiterverkauft werden solle.** *»Die gesamte Frage konnte in den Verhandlungen geklärt werden«, hieß es aus Magna-Kreisen.*

2   Die Krise ist an allem schuld

> „Demokratie ist eine Einrichtung, die es den Menschen gestattet,
> frei zu entscheiden, wer an allem schuld sein soll."
>
> *Anonymus*

Während die Finanzexperten noch orakeln, ob uns infolge der Krise eine Deflation oder eine Inflation ins Haus steht, steht eine Inflation schon fest: die des Wortes „Krise" selbst. Denn kaum war die (!) Krise erkannt, da kriselte es auch schon überall und dem kleinen Wörtchen wuchsen weite Flügel: Im Juli 2009 gab die Internet-Suchmaschine *google* über 14 Millionen Einträge dazu an, nicht mitgerechnet sind die Verbindungen mit einem weiteren Hauptwort, so dass wir inzwischen unter einer Absatzkrise, Autokrise, Branchenkrise, Exportkrise, Finanzkrise, Konjunkturkrise, Maschinenbaukrise, Mittelstandskrise, Immobilienkrise, Arbeitsmarktkrise, Konjunkturkrise, Kaufhauskrise und Warenhauskrise gleichermaßen leiden. Je prominenter dabei der allgemeine Ausdruck Krise wurde, desto mehr verlor er an Wert, Bedeutung und Klarheit – oder wie Wolf Schneider sagen würde – „an Saft und Kraft": Das sprachliche Schwergewicht, das noch im Herbst 2008 selbst unter Topbankern und Ministern Angst und Schrecken verbreitet hatte, schrumpfte im ersten Halbjahr 2009 auf Fliegengewichtsgröße zu einer x-beliebigen Floskel zusammen, die niemanden mehr erschreckte. Mittlerweile ist das Wort sogar eher ungeeignet, das Besondere einer Sache oder eines Sachverhalts zu beschreiben. Oder wie Ludwig Reiner in seiner Stillehre so schön formulierte: *„Wer flüchtig beobachtet und sich schlampig ausdrückt, der wählt immer den allgemeinen Ausdruck. Der allgemeine Ausdruck ist bequem: Er paßt zur Not immer. Sein Umfang ist weit, aber gerade deshalb enthält er nichts von den Besonderheiten der einzelnen Sache."*[16]

Wie die *Krankheit* ist die *Krise* ein abstrakter Oberbegriff, ein Gefäß, das mit Details und Inhalten gefüllt werden muss, um tatsächlich etwas auszudrücken. Aber es gibt einen Unterschied im Sprachgebrauch zwischen der *Krankheit* und der *Krise*: Krankheiten werden umfassend ausgeleuchtet, Krisen nicht. Heißt es beispielsweise: „A ist krank!" folgt auf dem Fuße die Frage „Was hat er denn?" Und die Palette der Antworten ist groß: Adipositas, Bronchitis, Darmverschluss, Demenz, Fettleber, Gicht, Herzinfarkt und wie die abertausend Krankheitsbilder noch alle heißen.

Diese sehr konkrete Auskunft wird neugierige und mitfühlende Naturen indessen nicht befriedigen. Sie werden weiter wissen wollen „ob es schlimm ist?"

---

[16] Reiners 2004, S. 59.

und „wie es dazu kommen konnte?", um schließlich ihre Alltagstheorien wie Gene, Stress, Alkohol, Nikotin oder Bewegungsmangel gegeneinander abzuwägen. Jedenfalls wird nachgehakt, gerätselt, verworfen und weiter gebohrt, denn Experten wie Laien geben sich bei Krankheiten nicht mit einfachen Antworten zufrieden.

Anders bei der Krise. Hier plätschert der Diskurs meist an der Oberfläche, ein gut entwickeltes und nachvollziehbares Klassifizierungs- und Erklärungsschema scheint es nicht zu geben. Und auch der gute Rat der Experten ist rar, denn Krisen, die das normale Auf und Ab von Konjunkturzyklen sprengen, kommen in den Standardlehrbüchern der Volkswirtschaft kaum vor. Allenfalls die wenigen an deutschen Wirtschaftsfakultäten noch geduldeten Wirtschaftshistoriker wissen noch, wie es „damals", bei der großen Wirtschaftskrise 1929, wirklich war.

So befinden sich auch Journalisten in einem vorwissenschaftlichen Stadium, in einer Suchphase, in der sie Spuren nachgehen, flüchtig beobachten und ihre Ergebnisse hastig notieren. Da liegt es nahe, dass die so auf die Schnelle zusammengestrickten Erklärungen und erst recht die daraus gezogenen Schlüsse nicht sonderlich gehaltvoll sind und wenig überzeugen. Kommt dann zu dem ewigen Termindruck auch noch Unwissenheit dazu, entsteht ein idealer Nährboden für mit Halbwahrheiten gespickte, in unserem Mediensystem schnell umlaufende Schnellschüsse, die von Multiplikatoren wie den Nachrichtenagenturen genauso schnell verbreitet, wie von den Empfängern wiedergekäut und kurz darauf vergessen werden.

Vielfach scheinen nur noch die Medien selber ihren eigenen Erklärungen zu glauben. Denn viele Journalisten stecken in einer Art Zirkularitätsfalle, die zuweilen das Denken außer Kraft setzt: Wird eine Erklärung nur oft genug von Tonangebern wiederholt, wird sie kaum noch hinterfragt und als Tatsache verkauft. Aus Schein wird Sein und eine Antwort zur Erklärung für beinah Alles ist geboren. Deshalb muss die Krise auch für viele wirtschaftliche Überraschungen oder Fehlentwicklungen herhalten, die bei näherer Betrachtung vielleicht ganz andere Väter oder Mütter haben: So ist die Krise den Medien zufolge gleichermaßen verantwortlich für nach unten korrigierte Gewinnerwartungen bei SAP, geringeren Bierverbrauch, rote Zahlen im deutschen Profi-Fußball, schwache Geschäfte beim Männermagazin Playboy, Auftragseinbrüche beim Klavier- und Flügelbauer Schimmel, Stellenstreichungen beim Maschinenbauer Gildemeister, sinkende Umsätze bei Beate Uhse oder groß angekündigte Sparprogramme bei Bertelsmann. Frei nach der Devise „die Krise ist an allem schuld" sind die Medien schnell bereit, damit alles und damit letztlich gar nichts zu erklären.

In der Hochphase der Krise griffen Wirtschaftsjournalisten auch deshalb gerne auf das anscheinend omnipotente Erklärungsmittel Krise zurück, weil man so ansonsten mausgrauen Meldungen etwas Pep verleihen konnte. Was dann dazu führte, dass die Meldungen einander sehr ähnelten und schon bald eintönig und damit langweilig wurden. Hier eine kleine Auswahl:

Von Leidtragenden und Krisenopfern

Bijou Brigitte
dpa Hamburg. Der Modeschmuck-Händler Bijou Brigitte leidet unter der Wirtschaftskrise, erwirtschaftet aber immer noch solide Gewinne. (29. April 2009)

Hawesko
Reuters Hamburg. Der börsennotierte Weinhändler Hawesko („Jacques' Weindepot") bekommt die Krise zu schmecken. Weil die Kunden auf teure Edeltropfen verzichten, gingen die Geschäfte im ersten Quartal deutlich zurück. (30. April 2009)

Beiersdorf
AP Hamburg. Der erfolgsverwöhnte Beiersdorf-Konzern („Nivea") hat angesichts der Wirtschaftskrise kräftige Sparmaßnahmen beschlossen. Im laufenden Jahr erwartet der Konzern einen Umsatz nur leicht über dem des Vorjahres, will mit dem Sparpaket aber die Gewinnmarge über 10 Prozent halten. (2. Mai 2009)

Größtes Sparprogramm der Firmengeschichte
dpa/Reuters Frankfurt. Bertelsmann-Chef Hartmut Ostrowski hat dem Medienkonzern wegen der Wirtschaftskrise das größte Sparprogramm der Unternehmensgeschichte verordnet. (4. Mai 2009)

Multimilliardär Buffett leidet unter der Krise
dpa/AP Omaha. Der legendäre US-Investor Warren Buffett leidet mit seiner Holding weiter massiv unter der Wirtschaftskrise. (4. Mai 2009)

Der Tourismus leidet
ddp Hannover. Niedersachsens Tourismusbetriebe bekommen die Wirtschaftskrise zu spüren. (26. Mai 2009)

Playboy
Reuters New York. Selbst dem Playboy macht die Finanzkrise zu schaffen: Die Herausgeber des Männermagazins schreiben wegen schwacher Geschäfte im Fernseh- und Printbereich rote Zahlen. Der Nettoverlust für das zweite Quartal betrug 8,7 Millionen Dollar, im Vorjahr 3,2 Millionen. (5. August 2009)
Quelle: *Neue Osnabrücker Zeitung*

Die Popularität der Verursacherkrise geht mit dem in allen Medien auszumachenden Trend zur Unterhaltung und dem damit eng verbundenen Hang zur Personalisierung Hand in Hand. Nicht nur Boulevard-Journalisten trachten heute mehr denn je danach, ihre Leser in erster Linie zu unterhalten; die übrigen Tageszeitungen und die Nachrichtenagenturen sind fast schon gezwungen, es ihnen zumindest ansatzweise gleichzutun. Dabei folgen sie häufig einer journalistischen Regel, die besagt, der Einstieg in einen Text habe eine Köderfunktion und müsse deshalb spannend sein. Diese Regel war für SPIEGEL-Redakteure etwa lange Pflicht. Schon in den 60er Jahren hat das Magazin in seinen Statuten festgelegt, seine Schreiber sollten mit ihren Anfangssätzen *„dem Leser eine Fangschnur zuwerfen, damit er gleichsam mit einem ‚Hoppla' in die Sache hineinspringe"*.[17]

Diese *SPIEGEL*-Masche hat inzwischen viele Nachahmer und eine gefährliche Nebenwirkung darin gefunden, dass die Mehrzahl der Medienschreiber heute dem Primat der Unterhaltung zu folgen scheint, was Medienwissenschaftler als „Boulevardisierung der Inhalte" brandmarken. Statt zu recherchieren, statt Missständen und Zusammenhängen nachzuspüren, ziehen immer mehr Journalisten das freie Fabulieren vor; sie werden so zu Geschichtenerzählern, die wenig echte Informationen vermitteln.

Oder wie sonst sind die oben vorgestellten Meldungen zu verstehen? Sie erzählen Geschichten auf noch so kleinem Raum, erfinden leidende Milliardäre und leidende Branchen, die es möglicherweise gar nicht gibt. In diesen als Meldungen verkleideten Minigeschichten bestimmt die Interpretation des Autors den Inhalt, mit zwei Folgen: Die Information verkommt zur Nebensache und – schlimmer noch – es bleibt kein Platz für journalistische Tugenden wie dem Streben nach Wahrhaftigkeit und Objektivität. Statt recherchierter Fakten werden Bilder geboten, die Lebendigkeit vorgaukeln und dabei im günstigsten Fall nur realitätsfremd sind: So kann man als Leser beispielsweise kaum glauben, dass die Tourismus-Branche oder der Milliardär Warren Buffett ernsthaft „leiden", nur weil Gewinne weniger hoch ausfallen als gewohnt.

Schlimmer noch als diese Realitätsferne wiegt der Vorwurf der verdeckten Manipulation: Lenken die lebendigen, kraftvollen Bilder anders als Zahlen doch den Blick vom Ausmaß der – tatsächlichen oder vermeintlichen – Not auf die Akteure, auf die Krisenopfer und die Leidtragenden, und damit von dem eigentlichen Thema ab: Die Opferperspektive verdrängt andere, unter Umständen viel wichtigere Sichtweisen. Indem sie eine vermeintliche Not noch aufbauscht, lenkt sie von den Tätern ab und entlastet die Verursacher von jeglicher Verantwortung.

Befreit man sich von den vorgespiegelten Bildern und betrachtet die Informationsbasis genauer, so fällt weiter auf, dass der Ursache-Wirkungszusammenhang lediglich behauptet, aber meist nicht nachgewiesen wird. Zufall oder Absicht? Auf jeden Fall finden sich im Sog der Krise genug Meldungen, in denen der Inhalt

---

[17] Carstensen 1971, zit. nach Kirchhoff 2001, S. 499.

einer Nachricht nachweislich mit einer Prise Krise gesalzen wurde. Nehmen wir etwa einen im *Iserlohner Kreisanzeiger* veröffentlichten Artikel zum Bierkonsum in Deutschland. In seinem Wirtschaftsteil am 31. Juli 2009 titelte das Blatt wie folgt: „*Deutsche trinken deutlich weniger Bier*". Im Untertitel folgte dann der Schluss: „*Krise beschleunigt den Absatz-Rückgang.*" Ein Titel, der der Fantasie des Wirtschaftsredakteurs entsprungen ist; denn die Nachrichtenagenturen, die dieses Ergebnis des Statistischen Bundesamtes an die Redaktionen weiterleiteten, berichteten zwar vom niedrigsten Bierabsatz in einem ersten Halbjahr seit 1991, verloren in diesem Zusammenhang aber kein Wort über die Krise. Im Gegensatz zum Wirtschaftsredakteur des Iserlohner Kreisanzeigers waren sie nämlich nicht so gedankenlos, einen seit 18 Jahren (!) dokumentierten Abwärtstrend mit einem aktuellen Geschehen erklären zu wollen (denn der aktuelle Absatzrückgang fiel aus keinem Rahmen).

Dergleichen eigenmächtige Fehlinterpretationen lassen Journalisten oft andere, näherliegendere Gründe übersehen. Beim nächsten Beispiel etwa stellt sich die Frage: Krise oder harter Winter? Was ist plausibler?

Warten auf das Konjunkturprogramm: Bauindustrie leidet unter strengem Winter
dpa Berlin. Die Wirtschaftskrise hat die Baukonjunktur in Deutschland in die Tiefe gerissen. Selbst ein hoher Auftragsbestand zu Jahresanfang und die beiden Konjunkturprogramme der Regierung konnten ein Minus von rund 13 Prozent bei Umsatz und Auftragseingang nicht verhindern. „Schuld daran sei auch der strenge Winter gewesen", sagte der Präsident des Hauptverbandes der Deutschen Bauindustrie, Herbert Bodner, gestern in Berlin.
(*Neue Osnabrücker Zeitung,* 27. Mai 2009)

Auch hier schlugen die Redakteure den Bogen zur Krise, um einen knackigen Einstieg zu präsentieren. Dass *dpa* im zweiten Absatz nach dem reißerischen Vorwort den strengen Winter als Schuldigen anführt, zeigt die Durchsichtigkeit des Manövers.

Auch die *Süddeutsche Zeitung* greift gern auf die simple Verursachertheorie zurück, sogar dann, wenn sie davon nicht wirklich überzeugt ist, wie bei der Berichterstattung am 5. August 2009 zur schrumpelnden Biomarkt-Branche deutlich zu spüren ist.

Nachfrage nach gesunden Lebensmitteln sinkt: Die Biobranche schrumpft
Wissenschaftler sehen Müdigkeit der Konsumenten in der Wirtschaftskrise. Weiterer Rückgang zu erwarten.

Die Autorin hat die Wirtschaftskrise in den Untertitel gepackt, um den Aufmerksamkeitswert des Artikels zu erhöhen; denn ihre eigenen Argumente stehen auf tönernen Füßen, auf einer sehr vagen und kraftlosen Expertenaussage: *„Mich würde es wundern, wenn sich die Wirtschaftskrise nicht auch in der Biobranche bemerkbar macht.*" Und uns würde es wundern, wenn dieser Zusammenhang sich einmal *nicht* herstellen ließe.

Dass der Autorin nicht ganz wohl bei dieser Interpretation ist, zeigt ihr Kommentar: Sie schreibt, dass es falsch wäre, *„die Krise allein für den Umsatzrückgang verantwortlich zu machen.*" Stimmt, denn in anderen Artikeln lassen sich wesentlich handfestere Argumente für die Probleme der Biobranche identifizieren: So hat die Stiftung Warentest wiederholt festgestellt, dass Bioprodukte mit Keimen belastet sind. Ferner gibt es selbst unter Bioprodukten irreführende Imitate. Und teuer sind sie außerdem. Es gibt also auch abseits jeder Wirtschaftskrise Gründe genug, sie nicht zu essen.

Dergleichen überzogene Interpretationen führen Leser in die Irre und nehmen billigend in Kauf, falsche Fährten zu legen und Trugschlüsse zu produzieren; sie entfernen sich so gleichzeitig von den Wünschen der Leser. Denn die haben laut Klaus Arnolds Studie zur Qualität der Presse ein ausgeprägtes Gespür für Qualität, legen Wert auf eine Trennung von Meinung und Inhalt, auf ausgewogene Darstellungen, und vor allem: sie wollen die Schlüsse der Journalisten nachvollziehen können.

Solange also die Medien an den Wünschen der Leser vorbei berichten, sollten wir, wann immer die Krise als Erklärung angepriesen wird, das Angebot als Denksportaufgabe begreifen und überlegen, wie es dazu kommen konnte. Kriselt es bei Beate Uhse, ließe sich beispielsweise fragen, ob das Internet aufgrund seiner Anonymität für Sexartikel-Käufer nicht attraktiver ist. Und beim rückläufigen Bier-Konsum ließe sich fragen, ob nicht andere Getränke dem Bier den Rang abgelaufen haben. So ist zum Beispiel kaum vorstellbar, dass Komasäufer einem Getränk zusprechen, das nur zwischen 4,5 und 6 Prozent Alkoholgehalt hat, wenn der gewünschte Effekt auf andere Art viel effizienter eintritt. Aber das dauernde Krisen-Gerede vernebelt den Verstand und schlägt alle anderen Argumente tot.

3 Schon wieder kein Weltuntergang! Keine Macht den Untergangspropheten

„Dann hob ein starker Engel einen Stein auf, der war so groß wie ein Mühlstein. Der Engel warf ihn ins Meer und sagte: „Babylon, du mächtige Stadt! Genauso wirst du mit aller Kraft hinuntergeworfen, nichts wird von dir übrig bleiben! Die Harfenspieler und Sänger, die Flötenspieler und Trompetenbläser, werden nie mehr in dir zu hören sein. Kein Handwerker, der irgendein Handwerk betreibt, wird jemals wieder in dir leben. Das Geräusch der Mühle wird verstummen. Niemals mehr wird in dir eine Lampe brennen. Der Jubel von Braut und Bräutigam wird in dir nicht mehr zu hören sein. Deine Kaufleute führten sich auf als Herren der Erde, und mit deiner Zauberei hast du alle Völker verführt!"

Offenbarung 18, 21

Sollte die Welt demnächst tatsächlich untergehen und noch Zeit bleiben, darüber zu berichten: Journalisten hätten es schwer, die treffenden Worte zu finden. Denn zumindest rhetorisch geht die Welt bereits seit Dutzenden von Jahren unter. Von Asteroiden, AIDS und Asbest über BSE und Bakterien bis zu Klimakatastrophen und Virenattacken (aktuell die Vogel- und die Schweinegrippe): Tag für Tag sind Zeitungsleser, Radiohörer, Fernsehzuschauer und Internetnutzer allen möglichen Meldungen über in aller Regel menschheitsbedrohende Gefahren und Risiken ausgesetzt, von denen unsere Großeltern noch keine Ahnung hatten. Gruselige Sensationsgeschichten wollten die Journal-Abonnenten früherer Jahrhunderte zwar auch schon lesen, aber erst seit wenigen Jahrzehnten unterhalten die Medien einen nie versiegenden Nachrichtenstrom des Bedrohlichen und Demoralisierenden, den es in dieser Masse vor hundert Jahren noch nicht gab. Zum globalen Waldsterben oder der Vernichtung der Tropenwälder kommen Erdbeben, Kriege, Massaker, Amokläufe, Massenselbstmorde, Kinderschändung, Prostitution, Menschenhandel und Korruption hinzu. Und durch Fernsehen und Internet geschieht das praktisch alles direkt in unserem Wohnzimmer.

Das waren noch Zeiten, als die Londoner Times in einer legendären Schlagzeile meldete: „Small earthquake in Chile. Not many people dead." Heute vergehen keine sieben Tage ohne vermeintliche oder tatsächliche, auf jeden Fall aber medienvermittelte Katastrophen, ohne ihre „Angst der Woche". Denn in dem, was uns nicht selbst begegnet, und das ist ziemlich viel, haben die Medien in Auswahl und Darstellung eine Art Realitätsmonopol: „Die Massenmedien vermitteln mit ihrer Berichterstattung nicht nur die Vorstellung davon, was wichtig und richtig ist, (…). Sie beeinflussen ebenso die Ansichten darüber, was die Mehrheit denkt und meint, fordert und verurteilt", meint der Kommunikationsforscher Hans Mathias Kepplinger von der Universität Mainz.[18]

Wenn sich Bürger über das Ozonloch oder über Silikon-Brustimplantate erregen, sind Medien ihre erste Informationsquelle. Die Medien bestimmen, was die Menschen über Banken und Boni, Kredit- und Versicherungsklemme oder über Eigenkapitalregeln bei der Kreditvergabe wissen, und was sie davon zu halten haben. Und kaum ein Medienwissenschaftler hängt heute noch dem Glauben an, die Massenmedien würden auf diese Weise den gut informierten und vernünftig handelnden Bürger hervorbringen, auch wenn die Meinungen zum Ausmaß der Beeinflussung der Menschen durch die Medien auseinandergehen. Es gibt nicht nur *ein* Publikum, sondern mehrere, einschließlich des passiven und indifferenten Publikums, des besorgten und des aktiven. Wer betroffen ist, nimmt Informationen anders auf als jener, für den ein Thema ein abstraktes Problem ist und bleibt. Es würde also zu weit gehen, eine direkte Manipulationsmöglichkeit der Medien anzunehmen; die Manipulation der öffentlichen Meinung geschieht vielmehr auf Umwegen und indirekt.

1970 kam die These von der „Agenda setting"-Funktion der Medien auf, wonach Massenmedien immerhin die „Tagesordnung" der öffentlich debattierten Themen vorgeben. Sie legen uns nahe, was wir gemeinsam diskutieren sollen, weil sie die Macht haben, ein Thema nach oben zu drücken und ein anderes aus dem öffentlichen Bewusstsein verschwinden zu lassen. Dabei können sie kaum je gezielt lenken (selbst wenn sie es immer wieder versuchen), aber sie haben einen entscheidenden Anteil an der Angstproduktion und daran, wenn Laien falsch oder unangemessen über Gefahren informiert werden. Medien berichten meist über das Risikoempfinden uninformierter Laien und Betroffener, weniger über die Risikobewertung der Experten. Und wenn Medien über die Risikobewertung der Experten schreiben, können sie diese nicht gut einordnen. Die Medien als wichtigste Informationsverbreiter tragen damit dazu bei, die Menschen über die tatsächlichen Gefahren im Unklaren zu lassen. Was Wirtschaft oder Gesellschaft schadet oder nicht, was gefährlich ist und vor was man sich nicht fürchten muss, scheint daher in Deutschland weniger die Wissenschaft als vielmehr die veröffentlichte Meinung zu bestimmen. Und die liegt öfter statt im Ziel ganz weit daneben.

Die Welt am Abgrund

Warum sollte das im Wirtschaftsjournalismus anders sein? In der aktuellen Wirtschaftskrise sind nicht nur die einschlägig bekannten Boulevardmedien über die

---

[18] Zitiert nach Krämer und Mackenthun 2001, Kapitel 6.

Stränge geschlagen, auch als seriös geltende Wirtschaftstitel haben manchmal die wahre Lage unangemessen dargestellt.

Natürlich hatten und haben wir zum Teil noch eine schwere Wirtschaftkrise. Das Sozialprodukt steigt nicht mehr wie gewohnt, es fällt, und zwar stärker als je in der Geschichte der Bundesrepublik. Aber absolut gesehen sind wir heute auf dem Stand von 2002, und damals ging es uns doch auch nicht schlecht? Wer dagegen nach Krisenausbruch einige Wochen hintereinander die *Financial Times Deutschland* gelesen hat, musste zwangsläufig glauben, dass die Wirtschaft am Abgrund stünde, unrettbar verloren, bereit, uns alle ins Verderben zu stürzen.

In Zeugen-Jehova-Manier verkündete die Wirtschaftspresse fast unisono das Ende der Welt, allerdings mit dem Effekt, dass keiner so recht dran glauben und schon nach kurzer Zeit auch keiner mehr davon hören mochte. So überrascht es auch nicht sonderlich, dass 2009 vor allem Wirtschaftstitel überproportional an Reichweite verloren haben: Laut der 2009 veröffentlichten Allensbacher Markt- und Werbeträgeranalyse (AWA) verlor die *Financial Times Deutschland (FTD)* im Vergleich zur AWA 2008 108.000 Leser, ein Minus von 33 Prozent. Damit erreicht das rosafarbene Wirtschaftsblatt nur noch 0,3 Prozent der Bevölkerung ab 14 Jahren (etwa 220.000 Leser).[19]

Sie haben nicht nur leicht, sie haben kräftig übertrieben und Angst-Wolken auch dort heraufbeschworen, wo allenfalls ein kleines Gewitter zu befürchten war. Ein Beispiel:

> **Von der US-Rezession zur Weltkrise: Ökonomen debattieren über die wahren Ursachen des tiefsten Absturzes der Weltwirtschaft seit 80 Jahren**
> Die Welt am Abgrund. Vor dem G20-Gipfel in dieser Woche sind sich Experten noch uneins über konkrete Ursachen und Wirkungszusammenhänge des weltweiten Einbruchs. Strukturelle, konjunkturelle und psychologische Negativeffekte verstärken sich zu einer bedrohlichen Abwärtsspirale.
> (*Financial Times Deutschland*, 30. April 2009)

Die Welt am Abgrund – so deutete also die *Financial Times Deutschland* die damalige Wirtschaftslage. Und ihr Wort hat in der Wirtschaftswelt Gewicht; die FTD nennt sich das *wegweisende Wirtschafts- und Finanzmedium für Entscheider, die neu denken,* und hält sich zugute, über Wirtschaft kompetent zu berichten. Was aber mögen sich die Entscheider, die Eliten in Wirtschaft, Wissenschaft und Behörden bei dieser Botschaft gedacht haben? Vieles ist möglich, die Spannweite reicht von einem amüsiert-skeptischen „Oh, ein Ausflug in die Märchenstunde"

---

[19] „F.A.Z. erreicht 1 Million Leser" in: Frankfurter Allgemeine Zeitung, vom 8. Juli 2009.

über ein sachliches „die Financial Times Deutschland hält auch nicht, was sie verspricht" bis hin zu einem genervten „das kann die BamS[20] nun wirklich besser".

Die *Financial Times Deutschland* will *die Themen des Tages möglichst prägnant, präzise und unkompliziert strukturiert aufbereiten*, um damit auch für eilige Leser attraktiv zu sein. Ein Maßstab, an dem wir sie im Folgenden messen. Und „prägnant und unkompliziert" ist „die Welt am Abgrund" in der Tat, „präzise" aber nicht. Bei genauem Hinsehen ist außerdem der Titel ganz schön kompliziert, heißt es doch: *„Ökonomen debattieren über die wahren Ursachen des tiefsten Absturzes der Weltwirtschaft seit 80 Jahren"*. Außerdem stößt man sich sofort an den wahren Ursachen. Seit wann interessieren sich Journalisten denn für unwahre Ursachen? Und auch der Superlativ *„tiefster Absturz seit 80 Jahren"* erreicht bei vielen Lesern nicht die gewünschte Wirkung: Vor 80 Jahren hat es also einen tieferen Absturz gegeben, und wir leben immer noch.

Derartige „synthetische Superlative" sind billig und leicht zu durchschauen. Die größte Tropfsteinhöhle im mittleren Kentucky, das älteste schornsteinlose Fachwerkhaus südlich des Mains, der jüngste steuerzahlende Einkommensmillionär in Niedersachsen – wer kennt das nicht? Hier wird immer die Vergleichsbasis gerade so gewählt, dass die ins Auge gefasste Person oder Sache den Rekord behält. Vermutlich gibt es demnächst auch einen Oskar für den besten unverheirateten mexikanischen Maskenbildner ohne Abitur.

Weiter im FTD-Text finden wir *„konkrete Ursachen, Wirkungszusammenhänge, strukturelle, konjunkturelle und psychologische Negativeffekte"*, und die *„verstärken sich zu einer bedrohlichen Abwärtsspirale."* Diese Wortwahl bedarf der Entkleidung, zumindest dann, wenn der eilige Leser den Inhalt tatsächlich auf Anhieb erfassen soll. Dafür empfehlen sich folgende Schritte: Bei *konkrete Ursachen* das konkret streichen, die *Wirkungszusammenhänge* auf Wirkungen zusammenstutzen, die *strukturellen, konjunkturellen und psychologischen Effekte* auf ein weniger effektheischendes verschiedene Effekte reduzieren und bei der *bedrohlichen Abwärtsspirale* das bedrohlich kappen.

Wird der Absatz aber derart verschlankt, verfehlt er die beabsichtigte Wirkung. Und ohne seine Nebelkerzen muss der Autor von seiner Deutung, die Welt stehe am Abgrund, Abstand nehmen: „*Vor dem G20-Gipfel in dieser Woche sind sich Experten noch uneins über Ursachen und Wirkungen des weltweiten Einbruchs, verstärken doch verschiedene Effekte die Abwärtsspirale.*" Was übrig bleibt, ist der Schatten einer Nachricht. Denn wenn „Experten den Ursachen der Weltwirtschaftskrise auf den Grund gehen", regt das niemanden besonders auf.

---

[20] BamS = Bild am Sonntag.

Hier ein weiteres FTD-Beispiel mit wenig ernst zu nehmendem Gehalt:

Von wegen Hoffnung. Es ist gefährlich, schon das Ende des Abschwungs auszurufen. Die Strukturkrise ist noch längst nicht vorbei. Wenn die Wirtschaft weiter so rapide gefallen wäre wie von November bis Januar, dann hätte man Ende nächsten Jahres *die Erde dichtmachen und die Weltbevölkerung auf einen anderen Planeten evakuieren können.* (Financial Times Deutschland, 13. Mai 2009)

Ja, wenn das Wörtchen wenn nicht wär ...

Auch die Schreiber der besten Wirtschaftsredaktion in der Bundesrepublik, der *Frankfurter Allgemeinen Zeitung*, lassen sich gelegentlich zu ungerechtfertigten Klagen hinreißen:

Ökonomen erwarten noch Jahre im Jammertal
Deutschland steckt in der schlimmsten Rezession seit der Großen Depression. Die Wirtschaftsleistung werde sogar um 6 Prozent schrumpfen.
Die Wirtschaftskrise wird in diesem Jahr *zu einer erheblichen Verschlechterung der Lebensbedingungen in Deutschland* führen. (*Frankfurter Allgemeine Zeitung*, 22. April 2009)

Die „erhebliche Verschlechterung der Lebensbedingungen" ist in dieser allgemeinen Darstellung übertrieben und nicht viel glaubwürdiger als das Bild von der *Weltbevölkerung, die man auf einen anderen Planeten hätte evakuieren müssen.* Wer eins und eins zusammenzählt, was Wirtschaftszeitungsleser wohl alle können, wird schnell Argumente finden, um dieser Sichtweise den Boden zu entziehen. Gewiss verschlechtern sich die Lebensbedingungen für viele Menschen, vor allem für die erstmals von Kurzarbeit und Arbeitslosigkeit betroffenen. Aber trotz Wirtschaftskrise gibt es jede Menge Ausnahmen. So sind etwa von der „erheblichen Verschlechterung der Lebensbedingungen" alle alleinstehenden Alt-Arbeitslosen ausgenommen, die von Hartz-IV leben und seit Juli 2009 statt 347 nunmehr 351 Euro erhalten, ebenso wie Rentner, die 1,1 Prozent und damit selbst nach dem Inflationsausgleich mehr Geld erhalten. Und nicht zu vergessen jene 33 Prozent der Manager DAX-notierter Konzerne, die nach Angaben der Schutzgemeinschaft der Kapitalanleger trotz Krise eine höhere Vergütung erhielten. Hätten also die *F.A.Z.-Redakteure* bei ihrer Deutung weniger übertrieben, wäre der Text wahrhaftiger gewesen.

Journalisten der Übertreibung, Schwarzmalerei oder Panikmache zu überführen fällt besonders leicht, wenn sie ihre Interpretationen wie im folgenden Beispiel mit Zahlen unterlegen:

Talfahrt mit gebremsten Tempo
Der Absturz der Wirtschaft verlangsamt sich. Es gibt Hoffnung auf eine Wende im Herbst. Der monatliche Konjunkturbericht der Frankfurter Allgemeinen Zeitung.

Auch am Arbeitsmarkt wird die Rezession in den kommenden zwei Jahren eine Schneise der Verwüstung schlagen. Bislang ist die Erwerbslosigkeit noch maßvoll gestiegen. Am Jahresende 2008 lag sie knapp unter 3 Millionen, Mitte März waren es knapp 3,6 Millionen. Gedämpft haben den Anstieg die Möglichkeiten zur Kurzarbeit. Bereinigt um Saisoneffekte, betrug der Anstieg sogar nur 190 000. Für April wird saisonbereinigt ein Anstieg von rund 60.000 erwartet. Doch vom Sommer an dürfte die Arbeitslosigkeit drastisch steigen. Nach der Prognose der Institute drohen im Herbst 2009 wieder mehr als 4 Millionen, bis Ende *2010 könnte es fast 5 Millionen registrierte Arbeitslose geben – so viel wie der traurige Rekord im März 2005.*
(*Frankfurter Allgemeine Zeitung*, 28. April 2009)

Die Frankfurter Allgemeine Zeitung zitiert hier eine Prognose, wonach es 2010 in Deutschland fünf Millionen registrierte Arbeitslose geben könnte. Das ist gewiss keine erfreuliche Aussicht. Aber es ist auch kein Grund, gleich mit *einer Schneise der Verwüstung* zu drohen. *Eine Schneise der Verwüstung* ist ein Bild, das allenfalls auf den Dreißigjährigen Krieg mit seinen zahlreichen Schlachtfeldern, seiner unendlichen Gewalt, dem landesweiten Elend und mehreren Millionen Toten zutreffen mag, aber doch nicht auf ein Jahr wie 2005, in dem wir tatsächlich einmal über fünf Millionen registrierte Arbeitslose hatten. War 2005 nicht auch das Jahr, in dem die *Bild* jubelte „Wir sind Papst" und in dem mit der großen Koalition die erste Bundeskanzlerin Deutschlands an die Regierung kam, ohne dass Deutschland gleich in Schutt und Asche fiel.

Wenn man die Deutungen mancher Redakteure liest, muss man sich um ihren Gemütszustand sorgen. Wie viel Leid, wie viele Talfahrten, Abwärtsspiralen, wie viel Aussichtslosigkeit und Hoffnungslosigkeit sie doch ertragen müssen! Vielleicht würden Normalbürger, die weniger sensibel als Journalisten sind, aus einem Einnahmerückgang von neun Prozentpunkten kein Drama machen und nicht gleich wie im folgenden Beispiel eine Katastrophe heraufbeschwören:

Die *drastisch nach unten revidierten* Prognosen über die wirtschaftliche Entwicklung sind die Folge *der immer weiter wachsenden Welle der Insolvenzen. Wie ein Tsunami überschwemmen die Konkurse das Land der Tulpen.* Es wird in 2009 mit mindestens 8100 Firmenpleiten gerechnet, das sind 75 Prozent mehr als im vergangenen Jahr.

"Das hat es noch nie gegeben. Innerhalb eines Jahres *fällt unsere Wirtschaft von einem Wachstum von 3 Prozent auf einen Rückgang von 6 Prozent zurück*", sagt Walter Toemen von der Firma Risikomanagement Euler Hermes.
(*Neue Osnabrücker Zeitung*, 13. Juni 2009)

Weniger empfindliche Seelen sehen das Ganze weniger dramatisch, registrieren vielleicht nur, dass 8.100 Firmen pleitegehen, was zwar nicht gut, aber auch kein Grund ist, um gleich nach einer gigantischen Flutwelle Ausschau zu halten.

Aber auch ein Rückgang der Wirtschaftsleistung um 3,8 Prozent bietet bereits Anlass für reißerische Titel, die angetan sind, Angst und Sorgen der Bevölkerung zu schüren.

Deutschland tief im Strudel der Rezession. Wirtschaft bricht in Krise um 3,8 Prozent ein
Deutschland steckt nach einem beispiellosen Absturz der Exporte in der tiefsten und längsten Rezession der Nachkriegszeit. Die Wirtschaftsleistung brach von Januar bis März um 3,8 Prozent im Vergleich zum letzten Quartal 2008 ein.
(*Westfalenpost/Iserlohner Kreisanzeiger*, 16. Mai 2009)

Sehr beliebt bei Wirtschaftsjournalisten ist auch das Bild vom freien Fall. So klagte zum Beispiel die *Frankfurter Rundschau* am 13. Juni 2009 „*Die Preise im Großhandel befinden sich im freien Fall*". Wer auf die Zahl schaut, wird feststellen, dass die Preise, um die es in der Meldung geht, im Vergleich zum Vorjahresmonat um 8,9 Prozent[21] gesunken waren. Wenn das ein *freier Fall* ist, was sollen dann die Heizöl-Lieferanten sagen? Schließlich hat das Heizöl im Juli dieses Jahres laut *Stern* bis zu 46,3 Prozent weniger gekostet als vor Jahresfrist. Das Bild ist nicht nur wegen der innewohnenden Übertreibung irreführend, es leitet Leser auch wegen der negativen Assoziation, die man mit freiem Fall verbindet, auf eine falsche Fährte. Wenn die Preise für Lebensmittel, Heizöl oder Benzin sinken, behalten die Verbraucher doch mehr Geld in ihren Börsen. Was für eine Katastrophe!

Nun wird niemand von Journalisten erwarten, dass sie bei ihren Deutungen die Präzision eines Waffenschützen an den Tag legen und immer ins Schwarze treffen, aber wir können auch nicht tolerieren, dass sie konsequent daneben liegen. Schließlich sind Journalisten keine Wahrsager, sondern haben eine Chronistenpflicht. Natürlich sind sie auf Neuigkeiten und Abnormitäten aus, sie suchen die emotionale Nähe und Betroffenheit, sie verknüpfen Themen mit Einzelschicksalen, sie gehen gern mit Gefühl an die Dinge heran, wollen nicht differenzieren, sondern klare Antworten („Ja oder Nein?"), sie verlangen Sicherheit, fragen nach

---

[21] Ein Vergleich zur Entwicklung der Preise im Großhandel zu den Vorjahren war nicht möglich, da keine Angaben zu den Vorjahren vorgelegen haben.

persönlichen Konsequenzen. Aber dabei missachten sie nur allzu oft den Unterschied zwischen Möglichkeit und Wahrscheinlichkeit, im Wissenschafts- noch mehr als im Wirtschaftsjournalismus, bei Berichten über Schadstoffe etwa beachten sie oft nicht, dass es die Dosis macht, ob ein Stoff ein Gift ist. Journalisten verstehen nicht, dass die Wörter „Risiko" und „Gefahr" nur eine mathematisch berechnete Wahrscheinlichkeit für den Eintritt eines Schadens ausdrückt, nicht eine tatsächliche Krise oder einen tatsächlichen Schaden. Sie kennen nicht immer die Unterschiede zwischen Korrelation und Kausalität, zwischen Zufall und System, sie wollen nicht wahrhaben, dass es kein Nullrisiko gibt, sie haben wenig Ahnung von Statistik und sie können schlecht mit relativen und absoluten Risiken umgehen.

Gemessen an einem wissenschaftlichen Anspruch sind viele Berichte gerade über Krisen in Wirtschaft und Gesellschaft deshalb wenig objektiv, vielmehr verzerrend, übertreibend, ungenau und unsachlich.

Trotzdem sind wir mit Kepplinger der Meinung, dass die Massenmedien zumindest versuchen sollten, der Realität einigermaßen gerecht zu werden und nicht völlig an ihr vorbei zu schreiben. Wissenschaftliche Rechnungen und Statistiken zu Wirtschaftskrisen erfassen zwar nur einen Ausschnitt der Realität und können zudem mit Messfehlern behaftet sein. Trotzdem informieren sie über die Realität differenzierter und zuverlässiger als subjektive Eindrücke und Betroffenheitskasperei. Denn Zeitungsleser haben ein Recht darauf, so gut wie möglich informiert zu werden. Deshalb sollten Journalisten zumindest versuchen, ihre Sätze von überflüssigem Tand zu befreien und ihre Zahlen sachgemäß zu deuten, auch wenn dies Einbußen beim Aufmerksamkeitswert zur Folge haben könnte. Wer aber in jeder zweiten Meldung den Weltuntergang heraufbeschwört, wird mit jeder Prophezeiung weniger ernst genommen.

4 Von wegen unparteiisch!

> „Einen guten Journalisten erkennt man daran, daß er sich nicht gemein macht mit einer Sache, auch nicht mit einer guten Sache."
>
> *Hanns Joachim Friedrichs*

> „Aus Lügen, die wir glauben, werden Wahrheiten, mit denen wir leben."
>
> *Oliver Hasskamp*

Journalisten sind keine Partei- oder Verbandsfunktionäre. Aber oft benehmen sie sich so. Nicht immer in böser Absicht. Denn unparteiisch zu bleiben, ist kein leichtes Unterfangen für moderne Medienmacher. Den rund 48.000 hauptberuflichen Journalisten in Deutschland stehen heute zwischen 30.000 und 50.000 PR-Fachleute gegenüber, die ihnen nur allzu gerne sagen würden, was sie schreiben oder senden sollen.[22] Und von diesen Einflüsterern gibt es immer mehr.

Dazu kommen noch die ungezählten ehrenamtlichen Öffentlichkeitsarbeiter von Vereinen und Organisationen, die sich in ihrer Freizeit abstrampeln, um die Medien für ihre Sache zu gewinnen. Und dann natürlich die wahren Tonangeber hierzulande und anderswo, die sich schon lange die eigentliche Definitionsmacht über Medieninhalte angeeignet haben, die verschiedenen „Eliten": die Kanzlerin und ihre Minister, die Unternehmensvorstände und hohen Geistlichen, Verbandsfunktionäre und nicht zu vergessen die vielen Experten aus Universitäten und anderen Instituten, die sich ebenfalls immer wieder in öffentliche Debatten einmischen (ohne dass der Grad der Sichtbarkeit notwendig mit der wissenschaftlichen Exzellenz korreliert). Meist sind es die immer gleichen Gesichter, die Journalisten vor die Kameras holen, um O-Töne zu sammeln, mit denen Berichten Leben eingehaucht und Authentizität verliehen werden soll.

Dabei gilt die journalistische Regel: je elitärer eine Person, desto höher der Nachrichtenwert dessen, was sie sagt. Die Eliten bestimmen daher die Themen einer Zeit und können ein Problem zur Finanz- und Wirtschaftskrise erheben wie auch wieder Entwarnung geben. Das ist eine der Achillesfersen des modernen Journalismus. Bietet das Kleben an den Zungen der Mächtigen diesen allzu oft Gelegenheit, die Medienschaffenden für ihre Zwecke zu benutzen. Und da wird nichts dem Zufall überlassen. So hat zum Beispiel die Deutsche Bank fünfzehn

---

[22] Mast 2008, S. 561.

Pressesprecher für Deutschland[23] und Angela Merkels Presseamt über hundert Mitarbeiter[24].

Diesen Einfluss einer elitengesteuerten Öffentlichkeitsarbeit in den Medien hat schon 1979 die Kommunikationswissenschaftlerin Barbara Baerns aufgezeigt: „Öffentlichkeitsarbeit hat die Themen und das Timing der Medien unter Kontrolle", lautet Baerns bekannte Kernbotschaft, die als „Determinationshypothese" in die Journalismusforschung eingegangen ist[25]. Inzwischen bewegt sich dieser Anteil der von PR-Seite angeregten Inhalte in den deutschen Medien je nach Medium und Ereignis zwischen zwei Dritteln und vier Fünfteln, wobei die journalistische Eigenleistung mit der – tatsächlichen oder vermeintlichen – Bedeutung eines Problems steigt.

Das tägliche Brot des Journalisten ist es, sich dieser fest im System angelegten Beeinflussungen zu erwehren. Dabei müssen sie weniger auf der Hut sein vor offenen Bestechungen als vor alltäglichen Vereinnahmungsversuchen, die die von Geben und Nehmen geprägte Arbeitsbeziehung zwischen PR-Treibenden und Journalisten zwangsläufig begleiten. Zu fürchten sind eher scheinbar harmlose Umarmungen, Nettigkeiten aller Art und auch eine zu große Nähe zur Macht, die die Wachsamkeit unterwandert und die Kritikbereitschaft einlullt.

Am wenigsten gefeit vor dergleichen Vereinnahmungsversuchen sind diejenigen, die in der ersten Reihe bei den (Bundes-)Pressekonferenzen sitzen und die Menschen auf dem Podium so regelmäßig sehen, dass eine gewisse Nähe entsteht. Eine besondere Verantwortung haben dabei die Korrespondenten der Nachrichtenagenturen, die berufsbedingt sehr häufig an Pressekonferenzen teilnehmen und die regionalen Abozeitungen, die keine eigenen Korrespondenten haben, mit Nachrichten versorgen. Um ihr gerecht zu werden, haben sich die Nachrichtenagenturen wie auch die großen Nachrichtenmagazine und die Redaktionen überregionaler Zeitungen intensiv mit dem Problem auseinandergesetzt, wie man möglichst objektive Nachrichten verfasst, denen man die Meinung des Autors nicht ansieht. Auch haben sie zur Erfüllung dieses Qualitätsanspruchs oft eigene redaktionelle Richtlinien entwickelt. Bei der *Deutschen Presse-Agentur (dpa)* sind die Korrespondenten beispielsweise gehalten,

---

[23] http://www.deutsche-bank.de/presse/de/content/pressesprecher_deutschland.htm.
[24] Von seiner Gründung an hatte das Presse- und Informationsamt seinen Dienstsitz im Bonner Regierungsviertel, gleich neben dem Bundeskanzleramt. Auch nach dem Umzug der Bundesregierung nach Berlin arbeiten in Bonn rund 120 Mitarbeiterinnen und Mitarbeiter: zum Beispiel im Bürgerservice, der den Bürgerinnen und Bürgern zur Politik der Bundesregierung Rede und Antwort steht. Erster Dienstsitz des Amtes ist seit 1999 Berlin. (http://www.bundesregierung.de/Webs/Breg/DE/Bundesregierung/Bundespresseamt/DasAmtimUeberblick/das-amt-im-ueberblick.html)
[25] Baerns 1991, S. 90f.

- *„vom Standpunkt des kritischen, aber unabhängigen Beobachters aus den Kern und den nachrichtlichen Schwerpunkt eines Vorgangs zu suchen und darzustellen,*
- *(...) Nachrichten ohne Kommentar, aber mit Hintergrund und Zusammenhängen zu liefern;*
- *keine Lobpreisung, keine Ironisierung und keine Verdammung, sondern Berichterstattung und Analyse (zu verbreiten), wobei das Werturteil dem Leser, dem Bürger und dem Kommentator überlassen bleibt;*
- *bei der Auswahl des Meldungsstoffes den ‚Endverbraucher', den Leser (...) vor Auge zu haben;*
- *(...) Sensationsmache zu vermeiden;*
- *(...) die Tatsachen sprechen zu lassen und dem Urteil des Lesers zu vertrauen."*[26]

Soweit die Theorie. Trotz dieses Bemühens um Objektivität und Überparteilichkeit geschieht es täglich, dass solcherart auf Objektivität getrimmte Korrespondenten den Standpunkt des kritischen Beobachters verlassen und Nachrichten – wenn auch nicht mit offenen Kommentaren – so doch mit unbeabsichtigten Wertungen unterlegen. Damit ergreifen sie Partei und produzieren Nachrichten, die samt Wertung in den regionalen Zeitungen, die sich auf die „verbürgte" Objektivität und Neutralität der Nachrichtenagenturen verlassen, weite Kreise ziehen. Diese Parteilichkeit reicht von der ungeprüften Übernahme von Sichtweisen über das unbedachte Wiederkäuen von verharmlosenden Reden und bestimmten Wörtern wie „so genannt" oder „nach eigenen Angaben", die die Neutralität von Aussagen unterwandern, bis hin zu irreführender Ironie (siehe dazu auch das Kapitel über Adjektive). Ob man zum Beispiel meldet: „An der Demonstration nahmen 25.000 Menschen teil", oder „an der Demonstration nahmen nach Angaben der Veranstalter 25.000 Menschen teil", ist ein riesengroßer Unterschied.

Wer nicht für mich ist, ist gegen mich

Wie schnell der neutrale Boden verlassen wird und der Wille nach Objektivität sich in Luft auflöst, zeigen die folgenden Beispiele, in denen Journalisten, die *Kuckuckseier der Sprache*[27], die ihnen von PR-Treibenden ins Nest gelegt wurden, nicht entlarvt, sondern noch aufgeblasen und so für die eine oder andere Seite

---

[26] Zschunke 2000, S. 106.
[27] Diese Formulierung stammt von Rudolf Gerhardt und Hans Leyendecker 2005, S. 57.

Partei ergriffen haben. Eindeutig arbeitnehmerfreundlich sind etwa die folgenden, weitgehend unverändert von einer Agentur übernommenen Meldungen:

Verdi: Kahlschlag bei Schlecker-Stellen (…)
Frankfurt. (rtr) Die Gewerkschaft Verdi stemmt sich heute mit einer Streikaktion gegen einen Stellenkahlschlag bei der Drogeriemarktkette Schlecker. Im Rahmen des Unternehmensumbaus seien 12.000 Arbeitsplätze in Gefahr, warnt Verdi.
(*Westfalenpost/Iserlohner Kreisanzeiger*, 18. Mai 2009)

Deutsche Post will Lohnkosten drücken
Bonn. (rtr) Die Post will nach Umsatz- und Ergebniseinbruch die Mitarbeiter zur Kasse bitten und so ihre Kosten senken.
(*Westfalenpost/Iserlohner Kreisanzeiger*, 7. Mai 2009)

Dem Gewerkschafts-Schlagwort vom Stellenkahlschlag verleihen die Journalisten durch die kämpferische Formulierung „*stemmt sich gegen*" sogar noch zusätzliche Schärfe, und im Fall der Post ergreift die Redaktion Partei für die Mitarbeiter und präsentiert uns eine Meldung, die genau so aus dem Munde eines erbosten Arbeiters hätte kommen können. *Lohnkosten drücken* und *die Mitarbeiter zur Kasse bitten* ist derbe Umgangssprache und daher schon ihrem Wesen nach parteilich.
Dem Volk aufs Maul geschaut hat auch der Autor der folgenden Meldung:

Banken müssen kaum mithaften
Brüssel. Europas Banken kann es künftig *nicht mehr völlig egal* sein, ob Kredite *faul* werden, die sie in Schuldpapiere zusammengefasst und an andere Konzerne *verschachert* haben. Denn zukünftig behalten sie fünf Prozent des Ausfallrisikos. Aus Sicht vieler deutscher EU-Abgeordneter hätte der Selbstbehalt höher ausfallen müssen. Die Konservativen hatten zehn Prozent gefordert, die SPD mindestens 15, die Linke 15 Prozent.
(*Westdeutsche Allgemeine Zeitung*, 7. Mai 2009)

Auch hier werden umgangssprachliche Formulierungen gebraucht wie *kann es nicht mehr völlig egal sein*, *faule Kredite* und *zu verschachern*. Worte, die der Normalbürger auf Anhieb versteht, Worte, die das Geschäftsgebaren der Banken anprangern, Worte, die Stimmung machen sollen. Worte und Sätze, die man in dieser Eindeutigkeit und Parteilichkeit vor allem aus der Boulevardpresse kennt.
In einem ähnlichen Beispiel schlägt sich die *Süddeutsche Zeitung* ebenfalls auf eine Seite, wenn sie schreibt, die Sparpläne eines DAX-Konzerns hätten tausende Beschäftigte auf die Straße *getrieben*.

Die Sparpläne des Eon-Managements haben am Donnerstag tausende Beschäftigte auf die Straße *getrieben. Aus Angst vor einem Stellenkahlschlag demonstrierten laut Polizei rund 5000 Mitarbeiter aus ganz Deutschland vor der Zentrale in Düsseldorf.* (*Süddeutsche Zeitung*, 19. Juni 2009)

Getrieben? Auch ist es eher unwahrscheinlich, dass die Formulierung „*aus Angst vor dem Kahlschlag demonstrierten laut Polizei rund 5000 Mitarbeiter*" tatsächlich aus einer Polizistenfeder stammt. Seit wann spekuliert die Polizei über die Anlässe für Demonstrationen, zu denen sie gerufen wurde? Vermutlich hat hier ein Journalist Informationen aus zwei Quellen – der Gewerkschaft und der Polizei – miteinander verwoben und so dafür gesorgt, dass Leser sich mitten im Arbeitskampf befinden.

Aber auch den Arbeitgebern stehen Journalisten bei:

BASF streicht 3700 Jobs bei Ciba
Bis Ende 2010 soll der größte Teil des Stellenabbaus geschafft sein.
(*Neue Osnabrücker Zeitung*, 7. Juli 2000 – ursprüngliche Formulierung von Reuters)

Commerzbank kommt bei Jobabbau gut voran
Bank hat bereits 2000 von geplanten 6500 Stellen gestrichen.
(*Financial Times Deutschland*, 23. April 2009)

Herzlichen Glückwunsch aber auch! Angesichts des Lobs „größter Teil des Stellenabbaus geschafft" und „kommt beim Jobabbau gut voran" herrscht hier Eitel-Sonnenschein beim geselligen Schulterklopfen. Und auch im nächsten Beispiel aus der *Frankfurter Allgemeinen Zeitung* scheinen die Sympathien für die Arbeitgeberseite klar zu überwiegen. So legt der Titel nahe, die von der Bundesregierung beschlossene Milliardenentlastung für Großbetriebe werde von der *Frankfurter Allgemeinen Zeitung* gutgeheißen.

Kurzarbeit für Großbetriebe noch günstiger
Künftig müssen Arbeitgeber nach sechs Monaten keine Sozialversicherungsbeiträge mehr für ihre Kurzarbeiter zahlen. Die Befreiung gilt für alle Betriebsteile – auch für jene, in denen noch kein halbes Jahr kurzgearbeitet wurde. Eine Milliardenentlastung.
(*Frankfurter Allgemeine Zeitung*, 18. Juni 2009).

Zur Entlastung der F.A.Z.-Redakteure sei aber festgehalten, dass es sich hierbei um eine verunglückte Ironie im Titel handelt. Im Text vertritt die *Frankfurter Allgemeine Zeitung* die gegenteilige Meinung und schreibt sehr deutlich, dass es eben keine gute Entscheidung der Regierung war, die Großbetriebe mit dem Bürgerentlastungsgesetz zu entlasten und dem Steuerzahler auch diese unnötigen Extra-Schulden aufzubürden.

PR-Maschinerie trägt Früchte

Öffentlichkeitsarbeiter und Politiker messen den Erfolg ihrer Arbeit daran, ob Formulierungen vollständig übernommen werden. Die Eliten wollen am liebsten wörtlich zitiert werden und möglichst viel Raum haben, um ihre Sicht der Dinge darzulegen. Dabei setzen sie sich selbst in Szene, präsentieren sich als tatkräftige Macher und gescheite Köpfe, als Kämpfer und als Helden, als Moderatoren und als Schlichter. Sie versuchen, uns Glauben zu machen, dass das, was sie tun, erstens unabdingbar ist und getan werden muss, dass es dazu zweitens keine Alternative gibt und wir es deshalb am Besten frag- und klaglos akzeptieren sollten und drittens, dass sie es nur für uns tun, nicht aber für Macht, Geld, Ansehen und Anerkennung.

Die Standard-Plattform für diese Selbstinszenierungen sind Pressekonferenzen. Hier verkünden Vertreter der Macht ihre Sicht der Dinge, in der Hoffnung, dass Journalisten diese Perspektive möglichst unhinterfragt übernehmen. Natürlich dürfen Journalisten dabei Fragen stellen. Aber oft tun sie das nicht in der gebotenen Schärfe oder verzichten sogar ganz darauf und übernehmen das, was ihnen von den PR-treibenden Personen präsentiert wird und geben es, verführt durch Nettigkeiten wie druckreif formulierte digitale Pressemitteilungen, die den Journalisten die Arbeit erleichtern, als Meldung weiter. Diese Verführungsgefahr ist umso größer, je weniger Hand der Redakteur noch an die vorgefertigten Texte legen muss, und erklärt, warum tatsächlich relativ viele PR-Verlautbarungen von eigentlich selbstständigen Journalisten ungeprüft an die Leser durchgereicht werden:

> dpa. Washington. Der existenzbedrohte US-Autobauer General Motors (GM) wird nach Einschätzung von Präsident Barack Obama aus einer *Umstrukturierung* deutlich gestärkt hervorgehen. Er hoffe, dass die Opel-Mutter wie auch Konkurrent Chrysler nach einer *Neuaufstellung ‚schlanker, angriffslustiger und wettbewerbsfähiger'* würden, betonte Obama in einem Interview des US-Fernsehsender C-Span.
> (*Neue Osnabrücker Zeitung*, 25. Mai 2009)

PR oder Nachricht? Das ist hier die Frage. Was wir vorfinden, ist eine Predigt nach dem bekannten Obama-Yes, we can-Strickmuster mit der Botschaft: „Leute, glaubt daran!" GM wird „nach einer Neuaufstellung schlanker, angriffslustiger und wettbewerbsfähiger". Wieso aber wettbewerbsfähig(er)? Bislang war GM vor allem eins nicht, wettbewerbsfähig. Jedenfalls nicht ohne eine 50-Milliarden-

Dollar-Infusion des amerikanischen Staates. Und auch das Wort „schlanker" in Wirtschaftstexten lässt Journalisten für gewöhnlich sogleich in Hab-Acht-Stellung gehen, weil „schlanker" die allseits bekannte Beschönigungsformel für Entlassungen ist. Wenn Journalisten diese Nachricht fast ungefiltert verbreiten, haben sie im Grunde nicht wirklich nachgedacht. Vor allem, wenn sie das, was der Präsident lediglich ankündigt oder behauptet, den Lesern als Analyse mit Wertung verkaufen: „wird nach Einschätzung … deutlich neu gestärkt vorgehen". In Wirklichkeit kann der Präsident doch allenfalls hoffen (oder beten), dass die Position von GM durch die Milliarden-Subventionen gestärkt werden wird. Alles andere ist zum Zeitpunkt der Verkündigung Wahrsagerei und sollte deshalb auch so formuliert werden – als Wunsch, als Hoffnung, als Glaube. Was wir aber hier sehen, ist fast schon apostelfähig – Obama erscheint als Macher (was sicherlich im Sinne des Obama-Teams ist) und die Medien als Verkünder.

Auch tragen Journalisten häufig dazu bei, durch geeignete Wortwahl das Bild von entschlossenen, tatkräftigen Politikern (in diesem Fall Politikerinnen) zu erzeugen:

> Derweil *stellte* Bundeskanzlerin Merkel vor dem Hintergrund des Streits um Staatshilfen für notleidende Unternehmen wie dem Reise- und Handelskonzern Arcandor *klar*, dass Opel kein Präzedenzfall für weiter Unternehmenshilfen ist.
> (*Westfalenpost/Iserlohner Kreisanzeiger*, 3. Juni 2009)

Wenn, wie in diesem Beispiel, das schlichte Verb *sagte* durch ein bedeutsam klingenderes *stellte klar* ersetzt wird, ist das eine Wertung, die so erst der Aussage Kraft und Autorität verleiht und damit Partei für die Kanzlerin ergreift (dazu mehr in Kapitel 9).

Den Regierungsvertretern auf den Leim gegangen sind auch die Verfasser des folgenden Berichtes. Erschienen ist er im Geleit der Überlegungen, wie die überschuldeten Landesbanken saniert werden könnten. Geplant war, die Landesbanken zu verkleinern und zu fusionieren.

> Die seit Jahren laufenden Gespräche über Fusionen und neue Geschäftsmodelle verliefen bisher im Sande. Nordrhein-Westfalens Ministerpräsident Jürgen Rüttgers *nannte das Bekenntnis* der Regierungschefs *zur Konsolidierung einen Durchbruch*. Finanzminister Peer Steinbrück erklärte, *man sei auf einem guten Weg*. In einer Erklärung sagen die Ministerpräsidenten unverzügliche Gespräche über eine Konsolidierung mit den Sparkassen als Miteigentümern zu. Die Neuordnung werde zu ‚*Kapazitätsanpassungen und Schwerpunktsetzungen*' führen.
> (*Neue Osnabrücker Zeitung*, 5. Juni 2009)

Wie man lesen kann, haben die Politiker und Banker lange über die Zukunft der Landesbanken beraten, wobei sie nur zu einem äußerst dürftigen Ergebnis kamen, genau gesagt, zu einem wertlosen *Bekenntnis zur Konsolidierung*, das die Ministerpräsidenten den Journalisten allerdings als *Durchbruch* verkauft haben. Auch die Formulierung, „*man sei auf einem guten Weg*", ist Schaumschlägerei. Heißt es übersetzt doch so viel wie, „wir sind noch sehr weit vom Ziel entfernt". Und auch mit der Übernahme der weiteren Formulierungen folgen die Journalisten kritiklos den Regierenden, die mit der (übrigens grammatikalisch falschen) Ankündigung „unverzüglicher Gespräche" Tatkraft vorgaukeln und damit das Volk über ein nichtssagendes Verhandlungsergebnis hinwegtäuschen.

Und auch der letzte Satz ist nur ein Täuschungsmanöver, wobei aufgeblähte Wortverbindungen abermals Ergebnislosigkeit übertünchen sollen: *Kapazitätsanpassungen und Schwerpunktsetzungen*, klingt pompös, ist aber nur heiße Luft. Bedeutet *Kapazitätsanpassungen und Schwerpunktsetzungen* in der Übersetzung doch so viel wie: „Nichts ist klar, wir müssen uns noch einigen, welche Schwerpunkte wir setzen wollen und wie wir die von der EU geforderten Anpassungen hinbekommen können."

Von der einlullenden Wirkung des Helfens, Rettens und Unterstützens

Manchmal reichen schon wenige Worte, um vom Pfad der Objektivität abzuweichen und sich auf die Seite einer Partei zu schlagen. Im folgenden Beispiel werden die Leser vorzugsweise mit unverdächtigen, allerdings richtungsweisenden Worten wie *marode* oder *verkraften* zu einer Opferperspektive eingeladen:

> An Rückzahlung ist *nach Ansicht von Experten* bei der *maroden* HRE noch nicht zu denken. Die Commerzbank muss die Integration der Dresdner Bank *erst noch verkraften*, zudem ist das Geld *erst vor wenigen* Wochen geflossen, *während* US-Banken schon im Herbst Staatsgeld bekamen. (*Neue Osnabrücker Zeitung*, 19. Juni 2009)

Das ist kein Kommentar, sondern ein Ausschnitt aus einem Hintergrundbericht. Die Wortwahl sorgt allerdings dafür, dass nur eine einzige Lesart möglich ist: so kann die Commerzbank auf gar keinen Fall Staatsgeld zurückzahlen, weil sie *erst noch* die Integration der Dresdner Bank *verkraften muss*. Die Ärmste! Hier wird nicht informiert, sondern um Verständnis für die arme Bank geworben. Und zwar für eine Bank, die, wie der letzte Satz zeigt, anderen die Schuld zuweist, in diesem Fall dem Staat, der die Unterstützung nicht früh genug ausgezahlt hat. Berichte wie diese scheinen uns einreden zu wollen, dass es – nach dem Motto: Wat mut, dat mut! – keine Alternativen zur *Rettung* gibt.

Flankiert werden sie von ähnlichen Meldungen, die Banken entlasten und den Steuerzahler gleichzeitig benebeln und auf schlechte Zeiten vorbereiten:

Wer die Finanzkrise schnell lösen will, muss die Banken von diesen heiklen Papieren befreien. (Frankfurter Allgemeine Zeitung, 23. April 2009)

Mindestens vier der sieben Landesbanken *müssen wegen der Finanzkrise Risiken in Milliardenhöhe loswerden*: Die HSH Nordbank, die Bayern LB, die LBBW und die WestLB. (Neue Osnabrücker Zeitung, 5. Juni 2009)

Die HSH Nordbank, die Bayern LB, die LBBW und die WestLB *müssen sich von Risiken in Milliardenhöhe trennen, um zu überleben.* (Financial Times Deutschland, 5. Juni 2009)

Damit will die Regierung ihr Bad-Bank-Konzept um das Konsolidierungsmodell (auch Aida-Modell genannt) erweitern, um den Landesbanken *eine Chance auf einen Neuanfang zu eröffnen.* (Frankfurter Rundschau, 5. Juni 2009)

Diese Texte, mit ihren Kommandos, was *man muss* oder was *wir müssen,* erinnern an die Basta-Politik des Altkanzlers Gerhard Schröder: „Ich weiß schon, was gut für Sie ist, also mir nach." Andere Blender-Worte, die unser Denken vernebeln, sind *Rettung, Unterstützung, Stützungsmaßnahmen, Chance auf einen Neuanfang, Not, benötigen.* Ihre erstaunliche Wirksamkeit ist darauf zurückzuführen, dass wir mit ihnen vor allem Gutes-Tun verbinden: Not lindern, Opfern beistehen, helfen – all das ist für die meisten sicher wünschenswert und lässt dem Leser keine Wahl, bis er gutheißt, dass der Staat die *Konjunktur ankurbelt,* die *Banken retten* will und *Schrumpfkuren für angeschlagene Landesbanken* anordnet.

Der Bund wird sich nächstes Jahr aller Voraussicht nach zum ersten Mal in dreistelliger Milliardenhöhe *zusätzlich verschulden müssen.* Zu den Krediten im Haushaltsentwurf von Finanzminister Steinbrück (SPD) kommen neue Schulden zur *Konjunkturankurbelung* und die *Bankenrettung.* (Frankfurter Allgemeine Zeitung, 20. Juli 2009)

Reuters. Frankfurt. Die *überlebensnotwendige* Kapitalerhöhung für die *angeschlagene* HSH Nordbank ist beschlossene Sache. Die Länder Hamburg und Schleswig-Holstein *pumpen* drei Milliarden Euro in die Landesbank. (Neue Osnabrücker Zeitung, 22. Mai 2009)

Die *angeschlagenen deutschen Landesbanken* müssen sich bis Ende 2010 einer radikalen *Schrumpfkur* unterziehen. Die EU-Kommission verlangt im Gegenzug für öffentliche Hilfen für die Banken einen schnellen Umbau. *Ein Abbau von Arbeitsplätzen gilt als unvermeidlich.* (Neue Osnabrücker Zeitung, 10. Juni 2009)

Ähnlich wirken Verben wie *leiden* und *benötigen:* sie lassen uns Partei für die Opfer ergreifen wird und verdrängen so die anderen Möglichkeiten, die es vielleicht auch noch gibt:

> Als Kandidat für Fondsfusionen gilt auch die Unicredit-Tochter Pioneer, die 2008 unter heftigen Mittelabflüssen *litt.* (*Financial Times Deutschland*, 15. April 2009)

> Das ist ein Fingerzeig darauf, dass die Sozialversicherung tiefe Einbrüche der Beitragseinnahmen *erleiden* werde. (*Frankfurter Allgemeine Zeitung,* 22. April 2009)

> Osten *benötigt* weitere Förderung (Neue Osnabrücker Zeitung, 12. Juni 2009)

Von diesen Rettungs- und Hilfeszenarien ist es dann nur ein kleiner Schritt, bis Journalisten die Sichtweise der Banken ganz verinnerlicht haben, die Auflagen der Regierung erscheinen als *hart* oder *unliebsam*.

Mit diesem Ergebnis im Rücken will Goldman nun wieder Kapital bei privaten Investoren einsammeln: Mit den angepeilten fünf Milliarden Dollar plant Konzernchef Lloyd Blankfein *eine rasche Rückzahlung* der Staatshilfen, die mit *unliebsamen Auflagen* bei den Bonuszahlungen verbunden sind. (*Neue Osnabrücker Zeitung*, 15. März 2009)

Vorsicht Ironie!

„Arme DAX-Manager"

titelte die Neue Osnabrücker Zeitung am 5. August 2009. Diese verdienen im Durchschnitt 2,1 Millionen Euro jährlich (was einem Stundenlohn von 1.141,30 Euro bei einer geschätzten 40-Stunde-Woche und 30 Tagen Urlaub im Jahr entspricht). An dem ohne Anführungsstriche abgedruckten Titel lässt sich gut ablesen, wie Ironie und Parteilichkeit schnell zu Komplizen werden können. Die *Deutsche Presse-Agentur (dpa)* warnt in ihrem Kodex daher auch ausdrücklich vor Ironie, so wie hier von der Wirtschaftsredaktion der *Neuen Osnabrücker Zeitung* versucht. Die Steilvorlage für diesen parteilichen Titel erhielt sie von der *dpa:*

> Frankfurt/Main (dpa) – Die *Spitzenmanager* der 30 deutschen DAX-Unternehmen haben im Krisenjahr 2008 bei ihren *Bezügen Federn lassen müssen.* Im Vergleich zum Vorjahr sanken die durchschnittlichen Vorstandsgehälter um rund 20 Prozent, wie die Schutzgemeinschaft der Kapitalanleger (SdK) am Dienstag in Frankfurt berichtete. Damit lagen die Gehälter auf dem Niveau des Jahres 2005. Alle DAX-Vorstände zu-

sammen kamen auf ein Gehalt von 440,6 Millionen Euro, 2007 waren es noch 583,2 Millionen Euro.
Titel-Vorschlag der dpa: DAX-Vorstände verdienen 2008 deutlich weniger (dpa: 4. August 2009)

Dieser Einstieg lenkt den Fokus auf die Verluste einiger weniger Manager und weckt aufgrund des starken Bildes von den Federn, die Manager lassen müssen, überdies noch den falschen Eindruck, diese Verluste wären groß gewesen. Außerdem verschiebt er die Gewichte – weg von den Gesichtspunkten, die die Bürger wirklich interessieren, hin zu den Wehwehchen überbezahlter Selbstbediener.

Dass man auf Basis derselben Informationen einen ganz anderen Einstieg wählen und den Leser damit in die entgegengesetzte Richtung führen kann, beweist die *Süddeutsche Zeitung*:

Mehr Gehalt für jeden dritten DAX-Vorstand
Im Durchschnitt sank die Vergütung 2008 aber um gut 20 Prozent. Anlegerschützer der SdK kritisieren Arbeit der Aufsichtsräte

Frankfurt – Zahlreiche deutsche Topmanager haben im vergangenen Jahr trotz der Wirtschaftskrise mehr Gehalt bezogen als 2007. Nach Angaben der Schutzgemeinschaft der Kapitalanleger (SdK) zahlten 33 Prozent der im Aktien-Leitindex DAX notierten Konzerne ihren Vorständen eine höhere Vergütung. ‚Das hat nicht zur allgemeinen wirtschaftlichen Situation der Unternehmen gepasst', kritisierte SdK-Vorstandmitglied Daniel Bauer am Dienstag in Frankfurt. Besonders bemängelte er die millionenschwere Bleibeprämie für den Post-Vorstand trotz der tiefroten Zahlen des Instituts im vergangenen Jahr.
Insgesamt sank die Vergütung aller DAX-Vorstände allerdings erstmals seit Beginn der Auswertung durch die SdK im Jahr 2003.
(*Süddeutsche Zeitung*, 5. August 2009)

Unterschiedlicher könnten diese Lesarten nicht sein. Bei der *dpa* und der *Neuen Osnabrücker Zeitung* treffen wir auf *arme Manager* und bei der *Süddeutschen Zeitung* auf Top-Manager, die immer noch gut verdienen, wobei ein Drittel der Spitzenverdiener ihre Vergütung im Krisenjahr sogar noch steigern konnte. Beide Artikel machen Stimmung, aber nur der erste ist parteilich.

Diese Beispiele zeigen, dass unparteiisches Berichten viel Aufmerksamkeit und Sprachgefühl erfordert, und wie scheinbar harmlose Wörter wie „helfen" oder „unterstützen" vorbestimmte Sichtweisen erzeugen oder aber eilig gewählte Metaphern falsche Gewichtungen und Bilder heraufbeschwören können.

5 Stopfstil und Bürokratendeutsch

> „Die alten Wörter sind die besten und die kurzen Wörter die allerbesten."
>
> *Winston Churchill*

Die meisten Sprachstilisten pflichten Winston Churchill bei: Je kürzer die Wörter, je kürzer die Sätze, desto besser. Nur selten, wie bei Heinrich von Kleist oder Thomas Mann, kommen lange Sätze daher „wie eine Prozession mit einer Kerze nach der anderen" (Mark Twain). Der Regelfall ist eher die stückweise untergetauchte Seeschlange, der verschlungene Spaghetti-Knoten, so wie das folgende Monster, das uns in der *Neuen Osnabrücker Zeitung* begegnet ist:

> Regierende, denen egal sei, was mit abertausenden Arbeitsplätzen passiere, sollten in ihrem Amtseid noch einmal ihre Pflicht nachlesen, Schaden vom deutschen Volk abzuwenden.
> (*Neue Osnabrücker Zeitung*, 11. Juni 2009)

Der hier indirekt zitierte Kanzlerkandidat Frank-Walter Steinmeier kommt leider so gestelzt daher, dass wir die Meldung dreimal lesen müssen, um sie zu verstehen. Das ist Papierstil in Reinform, die „*toteste aller toten Sprachen*", die Sprache der Beamten und der schlechten Zeitungsschreiber.[28]

Mehr Formulierungsgeschick hätte auch dem Wirtschaftsjournalisten gut getan, der es in der folgenden Meldung wohl darauf angelegt hatte, möglichst viele Informationen in einem einzigen Satz unterzubringen:

> Eine zweite Möglichkeit wäre, dass Katar diese Mitte Juni auslaufenden Optionen erwerben und damit neben dem Land Niedersachsen, das gut 20 Prozent an VW hält, ein weiterer Anteilseigner bei Europas größtem Autobauer werden könnte.
> (*Neue Osnabrücker Zeitung*, 10. Juni 2009)

Hier werden wir mit 34 Wörtern auf einmal überschüttet. Warum den Satz nicht teilen: „Eine zweite Möglichkeit wäre, dass Katar auslaufende Aktienoptionen erwirbt. Neben dem Land Niedersachen, das 20 Prozent der VW-Aktien hält, wäre Katar dann ein weiterer Anteilseigner des Autobauers."

Auch der nächste Stopf-Satz bleibt für die Mehrzahl aller Leser unverständlich; die meisten werden deshalb wahrscheinlich nach dem zweiten Komma das Weite suchen:

---

[28] Reiners 2004, S. 147.

Merkel wies mit Blick auf Milliardenbürgschaften durch den Staat, die alle Übernahmeinteressenten anstreben, darauf hin, dass es um einen Abwägungsprozess geht. (*Westfalenpost/Iserlohner Kreisanzeiger*, 26. Mai 2000).

Warum hat der Redakteur die wichtigste Information in einem Nebensatz versteckt? Denn dass *alle Opel-Bieter vom deutschen Staat erwarten, dass er Milliardenbürgschaften übernimmt*, ist doch wohl alles andere als nebensächlich. Solche Satzmonster und Buchstabenprozessionen zieren seit Jahrzehnten die roten Listen aller Sprachstil-Lehrer. Aber dennoch scheinen sie es mühelos zu schaffen, auf deutschen Zeitungsseiten wohlgelaunt zu überleben. Mag auch Sprachpapst Wolf Schneider seinen Journalistenschülern noch so sehr einbläuen, knapp und klar zu schreiben, in den eigenen wie in „*fremden Texten die Wortballons herauszusuchen und anzustechen, damit alle Luft und aller Mief aus ihnen entweichen kann*"[29]. Heiße Luft und Mief verderben weiterhin nur allzuoft den Leseappetit. Vor allem die folgenden Imponiervokabeln sollte man in journalistischen Texten nur mit der Feuerzange anfassen:

am Ende des Tages: Wann ist das Ende des Tages erreicht? Das weiß jedes Kind: am Abend. Diese zeitliche Bedeutung aber hat „am Ende des Tages" gar nicht. Der zugrunde liegende englische Ausdruck „at the end of the day" bedeutet nämlich „schließlich und endlich" (was manche Zeitgenossen auch penetrant „schlussendlich" nennen). Da das aber zu normal klingt und man sich ja schließlich von der breiten Masse abheben muss, versucht man es auf die originelle Tour und übersetzt den Begriff wörtlich, also falsch, und gebraucht ihn dann in der englischen Bedeutung.

Das unterscheidet eben den modernen Elitemenschen vom Durchschnittsbürger. Der eine geht am Ende des Tages ins Bett und schläft. Der andere findet am Ende des Tages eine Lösung.

Diskurs: Modewort aus der akademischen Welt. „Diskurs" wurde aus der modernen französischen Philosophie ins Deutsche eingeführt und bedeutet, dass die Art, wie man einen gesellschaftlichen Gegenstand begrifflich fasst oder über ihn spricht, auch die Wirklichkeit prägt. Im heutigen Gebrauch schwingt nur noch vage etwas Philosophisches mit, weil Diskurs nur noch im Sinne von „öffentliches Reden" verwendet wird. „Wir brauchen einen öffentlichen Diskurs über unsere Werte", lautet eine beliebte Forderung, die nichts anderes bedeutet als: „Wir sollten öffentlich über unsere Werte reden". Aber so einfach mag man es nicht sagen, es könnte ja auf Anhieb verstanden werden.

---

[29] Schneider/Raue 2000, S. 182.

Fokussieren: Die Zauberformel jeder Strategiediskussion. Meint die Beschränkung auf Wichtiges, etwa die eines Autobauers auf das Autobauen. Oder die Rückbesinnung mancher Dienstleister auf das Dienstleisten. Aber wie meistens beim Bläh-Deutsch kann der Begriff auch für das Gegenteil verwendet werden: „Manche Banken sind, wie sie behaupten, fokussiert auf die Bedürfnisse der Kunden", schreibt Max Behland in der Financial Times Deutschland, „haben sich also gewissermaßen von Kreditinstituten zu Bedürfnisanstalten fortentwickelt."

Gewinnwarnung: Meint nicht etwa eine Warnung vor einem Gewinn, sondern die gesetzlich vorgeschriebene und vermehrt zu vernehmende Warnung vor dem Umstand, dass ein Gewinn ausbleibt. Es müsste also „Verlustwarnung" heißen. Aber dann wüsste ja jeder gleich, was gemeint ist.

Kommunizieren: Eines der Modewörter der politischen Klasse hierzulande. Früher konnten das nur die bekannten Röhren, zur Not noch Katholiken in der Kirche. Heute kommunizieren Landräte, Pressesprecher und Ministerpräsidenten. Und zwar nicht miteinander, wie die Röhren, sondern mehr von innen nach außen: Regierungssprecher „Ulrich Wilhelm wird die Politik der künftigen Bundeskanzlerin Angela Merkel kommunizieren".

Weil „kommunizieren" seiner Wortherkunft zum Trotz heute eher als Einbahnstraße angelegt ist, werden unangenehme Dinge lieber kommuniziert als mitgeteilt. Man nutzt dabei die echte Bedeutung (miteinander reden), gebraucht das Wort jedoch im Sinne von „mitteilen" und hofft, dass es keiner merkt. „Noch wissen die Spitzenkräfte der Berliner CDU allerdings nicht, wie sie das Offenhalten der Spitzenkandidatenfrage gegenüber der Parteibasis kommunizieren sollen, ohne öffentlich Prügel für vermeintliche Unfähigkeit bei der Lösung dieses Personalproblems einstecken zu müssen."

Auch Herr und Hund kommunizieren inzwischen miteinander. Wie meinte kürzlich der Verband für das deutsche Hundewesen (VdH)? Herrchen und Frauchen müssen besser lernen, wie sie „mit einem Hund kommunizieren können." Wau!

Plattform: Politberaterdeutsch. Wenn man also nicht sagen will, was man konkret zu tun gedenkt, dann bietet sich eine Plattform an. Etwa zum Austausch von Informationen und Erfahrung. Und wenn doch danach gefragt wird, was dabei herauskommen soll? Nun, eine Plattform ist immer experimentell und deshalb zwangsläufig offen für alle möglichen Ergebnisse. Wer skeptisch bleibt, der tröste sich damit, dass im Begriff Plattform bereits platt enthalten ist. Im Krisenjahr zum Beispiel trafen sich die G 20-Staaten gleich mehrmals, um ihre Ideen zur Bewältigung der Krise zu diskutieren, allerdings – wie nicht anders zu erwarten – mit sehr bescheidenen Ergebnissen.

Prioritäten setzen: Modisches Hohl-Deutsch für „die wichtigsten Dinge zuerst erledigen", also eine an sich ganz gute Sache. Wenn etwa Angela Merkel fordert: „Es sind wieder Prioritäten zu setzen", dann können wir nur zustimmen. Vor allem, wenn es „klare Prioritäten" sind. Oder noch besser „strategisch-inhaltliche Prioritäten". Oder am allerbesten „klare strategisch-inhaltliche Prioritäten".

Das Schwierige an den Prioritäten wird aber durch das schlichte Setzen derselben nicht ausgeräumt: nämlich die Notwendigkeit, das Wichtige vom Dringlichen zu unterscheiden. Oft ist Dringliches unwichtig, muss aber trotzdem erledigt werden (das macht ja gerade seine Dringlichkeit aus). Dadurch behindert das dringliche Unwichtige die Behandlung des Wichtigen. Dessen Nicht-Behandlung macht es dann aber auch dringlich. Und so behindern sich Dringliches und Wichtiges, bis man davon träumt, endlich mit der Faust auf den Tisch zu hauen und Prioritäten zu setzen. Es ist der Traum von der befreienden Tat in der komplexen Welt.

Berater versuchen gern, der Entweder-Oder-Entscheidung auszuweichen, und haben dafür das Wort „priorisieren" erfunden. Man nimmt eine gewisse Menge von Angelegenheiten und priorisiert sie. Man bringt sie also in eine Abfolge der Behandlung. Das klingt vernünftig und handhabbar. Leider ändert es nichts am Dilemma vom Wichtigen und Dringlichen. Das merkt man aber erst, wenn man sich selbst ans Priorisieren macht.

Projekt: Das Überhandnehmen dieses vormals eher seltenen Wortes ist eine Folge der Computerisierung des modernen Lebens. Denn elektronische Rechenmaschinen sind darauf angewiesen, dass die zu lösenden Aufgaben wohlsortiert in Päckchen ankommen. Das hat sich auf große Teile von Wirtschaft, Wissenschaft und Alltag übertragen. Unser Tun und Lassen zergliedert sich zunehmend in Projekte, sei es die Einigung Europas, die feindliche Übernahme eines Fernsehsenders oder die Besserstellung von kinderreichen Familien: „49 Prozent der Unions-Wähler halten dieses Projekt für einen Ansatz zur Entscheidung zugunsten eines Kindes", schreibt die Berliner *Welt*, „47 Prozent widersprechen dem".

Selbst die Rettung des Universums ist heute ein Projekt. Und nicht zu vergessen natürlich das von Guido Westerwelle herbeigesehnte schwarz-gelbe Projekt, sprich eine von FDP und CDU angestrebte Koalition, die von Maybritt Illner im TV-Kanzlerduell zur „Tigerenten-Koalition" degradiert wurde.

schwarze Null: Das ist nicht etwa der dezent gekleidete Vorstandsvorsitzende auf der Bilanzpressekonferenz, der mit vielen, vorzugsweise englischen Wörtern wissen lässt, dass es wieder keinen Gewinn gegeben habe, sondern ebendieser

Gewinn. Der ist zwar nicht vorhanden, also Null, aber „diese Null wird der desinteressierten Öffentlichkeit dargereicht, als handele es sich um ein Erfolgserlebnis und nicht um das Schwarze Loch, in dem die Gewinne verschwunden sind, mit denen die Aktionäre schon fest gerechnet hatten." (Max Behland, Financial Times Deutschland)

Synergieeffekte: Das ist eine beliebte Beschwörungsformel bei Unternehmenszusammenschlüssen. Zum Beispiel hat die Vereinigung von Daimler-Benz und Chrysler riesige Synergieeffekte erzeugt: in Nullkommanichts hatten die Stuttgarter Autobauer den Qualitätsstandard von Detroit erreicht. Aber das ist bereits Geschichte, ebenso wie GM, die nach ihrer Insolvenz mit Staatsgeld als „New GM" ihre Wiederauferstehung feierte.

Trans: Diese Vorsilbe war unseren Vorfahren allenfalls durch die transsibirische Eisenbahn bekannt. Später kamen dann noch die Transvestiten, die Transfusion und in der Wirtschaft die Transaktion dazu. Bis ein findiger Schreiber sich fragte: Wie peppe ich einen banalen Gedanken möglichst preiswert auf? – und dafür das lateinische Wörtchen „trans" zur Hand nahm. National? International? Transnational! Und so nerven uns seitdem transmoderne Befindlichkeiten und transintellektuelle Diskurse auf fast jeder Seite eines gut geführten deutschen Feuilletons und „transnationale Sphären der Finanzwelt" auf den Politikseiten (*F.A.Z.*, 30. September 2009). Und erschweren nicht zuletzt das Schreiben, wie ein Beispiel aus der Berliner Welt zeigt, in dem der Autor in einem Bericht über Zuwandererkinder bang und bedeutungsschwanger fragte: „Trifft das Wort interkulturell zu oder sollte man gleich transkulturell sagen?"

Kampf der Mehrdeutigkeit

Schlechte Schreiber schreiben so, dass der gutwillige Leser sie korrekt verstehen *kann*. Gute Schreiber schreiben so, dass auch der böswillige Leser sie korrekt verstehen *muss*. Und verständlich heißt dabei in aller Regel, wie oben schon gesehen, kurz. So kommt die *Bild* häufig mit fünf Wörtern pro Satz oder weniger aus, 14 Wörter pro Satz benötigen im Durchschnitt *Tagesschau*-Sprecher, 17 Wörter pro Satz ist der Durchschnitt im Johannes-Evangelium und 20 Wörter pro Satz sind bei der *Deutsche Presse-Agentur dpa* die Obergrenze[30]. Die PR-Trainer Norbert Schulz-Bruhdoel und Katja Fürstenau glauben, dass ein Satz nicht mehr als acht Wörter haben darf, damit Normalbürger ihn nach einmaligem Lesen wiederho-

---

[30] Zitiert nach Schulz-Bruhdoel/Fürstenau 2008, S. 328.

len können.[31] Ähnlich argumentieren die Journalistenausbilder Wolf Schneider und Paul-Josef Raue: „*Unser Kurzzeitgedächtnis bewältigt im Durchschnitt eine Strecke von drei Sekunden, und in diesem Zeitraum liest der Durchschnittsmensch sechs Wörter oder zwölf Silben.*"[32] Deshalb werden viele Leser auch große Probleme mit der folgenden Meldung haben:

> Ausgelöst worden waren die Untersuchungen durch Bundesjustizministerin Brigitte Zypries, die in einem Brief an ihre nordrhein-westfälische Ressortkollegin Roswitha Müller-Piepenkötter eine juristische Prüfung *über* die Immobiliengeschäfte Middelhoffs verlangte.
> (*Neue Osnabrücker Zeitung*, 13. Juni 2009)

Wer kann hier schon von einem Leser erwarten, dass er nach 29 Wörtern, zwei Funktionsbezeichnungen und einem langatmigen Doppelnamen, noch den Inhalt überblickt? Wie man es besser macht und damit auch falsche Präpositionen umgeht, zeigt die Süddeutsche Zeitung:

> Justizministerin Brigitte Zypries (SPD) hat ihre nordrhein-westfälische Amtskollegin Roswitha Müller-Piepenkötter (CDU) gebeten, ein Ermittlungsverfahren gegen Middelhoff einzuleiten.
> (*Süddeutsche Zeitung*, 8. Juni 2009)

Sehen wir uns im Folgenden einige weitere besonders schwülstige Exemplare aus dem Bürokraten-Dschungel an. Viele sind aus dem Bestreben von Politikern und Experten geboren, ihren Aussagen durch eine gewählte Sprache mehr Gewicht zu geben. Das misslingt aber nur allzu oft, etwa wenn ein Wirtschaftsprofessor der Fernuniversität Hagen zur Insolvenz der Warenhauskette Arcandor befragt, „erklären" soll, was eine Insolvenz bedeutet:

> Im Grunde ist die Insolvenz ein Verhandlungskorridor für längerfristige Tragfähigkeit.
> (*Westfalenpost/Iserlohner Kreisanzeiger*, 10. Juni 2009)

„Die Insolvenz ist ein Verhandlungskorridor für längerfristige Tragfähigkeit!" Das kann alles bedeuten oder auch nichts. Hier werden ernsthaft interessierte Leser (und alle Mitarbeiter, die bei Karstadt-Quelle arbeiten) um eine echte Erklärung betrogen. Ein den Lesern zugetaner Journalist hätte an dieser Stelle jedenfalls einhaken und den Ökonomen um eine Übersetzung bitten müssen. Stattdessen haben bedeutend klingende Wörter wie *Verhandlungskorridor* und *längerfristige*

---

[31] Schulz-Bruhdoel/Fürstenau 2008, S. 328.
[32] Schneider/Raue 2000, S. 186.

Tragfähigkeit seine Wachsamkeit ganz offensichtlich untergraben. Auch die „*fundamentalen Wirkmechanismen der Finanzwirtschaft*" (von Deutsche-Bank-Chef Josef Ackermann) oder die „*Kulmination der Entscheidungsfreudigkeit*" (von Bundeskanzlerin Angela Merkel) sind Teil dieses Imponierjargons. Mit diesen aufgedonnerten drei Wörtern, zu lesen in der *Westfalenpost,* hat unsere Kanzlerin Ende Mai (!) das vermeintliche Ende des Verhandlungsmarathons um die Opel-Zukunft kommentiert. Aber wie wir heute wissen, war Monate später immer noch nichts entschieden. Da kann kulminieren, was will. Und Freude herrschen, wo auch immer!

Kurze Wörter!

Lange Wörter sind genauso lästig wie lange Sätze. Vielsilber wie Verhandlungskorridor, Entscheidungsfreudigkeit, Tragfähigkeit, Wirkmechanismen sind hässlich und überflüssig gleichermaßen und haben deshalb in Pressetexten nichts zu suchen; oft lassen sie sich durch kürzere Wörter („Entscheidungsfreudigkeit" durch „Entscheidungsfreude" oder auch nur „Freude" oder „Wirkmechanismen" durch „Wirkung") ersetzen:

unnötig lang	**besser**
Aufgabenfeld	Aufgabe
Ausnahmefall	Ausnahme
Datenmaterial	Daten
Fragestellung	Frage
Stimmungslage	Stimmung
Erfolgserlebnis	Erfolg
Verbindungslinie	entweder Verbindung oder Linie
Gesundheitszustand	Gesundheit
Planungsprozess	Plan
kriegerische Auseinandersetzung	Krieg
Verwendungszweck	Zweck
Bevölkerungszahl	Bevölkerung
Güteeigenschaften	Güte
Lösungsweg	entweder Lösung oder Weg

Verkehrsaufkommen	Verkehr
Grenzlinie	entweder Grenze oder Linie
Gedankengang	Gedanke
Schlussfolgerung	Schluss oder Folgerung
Versprechungen	Versprechen
Zielvorstellung, Zielsetzung	Ziel

Das Non plus ultra an Kürze sind natürlich Einsilber: ich, du, er, sie, es, Mann, Frau, Rat, Tat, Glück, Geld, Gold und so weiter. Je mehr davon in einem Satz vorkommen, desto leichter ist der Satz zu lesen, desto schöner ist er auch im Allgemeinen. Der unsterbliche Satz von Goethe, aus seinem Gedicht „Der Fischer":

„Halb zog sie ihn, halb sank er hin",

besteht nur aus Einsilbern und ist einer der schönsten Sätze der deutschen Sprache überhaupt.

Hauptwörterei

Die nächste Sünde vieler Zeitungstexte, ob zur Krise oder zu anderen Themen, ist die Hauptwörterei. Warum ein Tuwort = Verb verwenden, so scheinen sich viele Sprachschuster zu fragen, wenn es für den gleichen Zweck auch noch ein schönes Hauptwort gibt? Warum „Bitte zahlen Sie die Rechnung" schreiben, wenn „Um die Bezahlung der Rechnung wird gebeten" auch noch möglich ist? So kommen dann Monster zustande wie

(…) im Fall des Reise- und Handelskonzerns Arcandor müsse zunächst die *Arbeitsplatzwirkung, das Zukunftskonzept und die Verantwortbarkeit des Einsatzes von Steuergeld* geprüft werden.
(*Neue Osnabrücker Zeitung*, 3. Juni 2009)

Bei einer solchen Sprache wundern einen auch die Defizite anderswo nicht mehr.
   Oft macht das Hintereinander von Substantiven selbst einfache Sätze unlesbar:

Experten sehen die Zeit der Warenhäuser als Attraktion der Innenstadt als abgelaufen an.
(*Westfalenpost/Iserlohner Kreisanzeiger*, 10. Juni 2009)

Mit Verben anstatt Substantiven wäre ein informativer, leicht lesbarer Text entstanden: „Experten: Die Zeiten sind vorbei, in denen Warenhäuser Innenstädte attraktiver gemacht haben". Zu viele Hauptwörter, vor allem die abstrakten mit -ung, -heit und -keit am Schluss – Bearbeitung, Beibringung, Schaffung – nehmen jedem Satz die Lebensfreude und die Luft. Zuweilen sind sie unvermeidlich, denn jeder Satz braucht in der Regel mindestens eins davon. Aber wie so oft im Leben gilt auch hier: die Dosis macht's.

Vor allem bei Politikerworten ist diese Dosis oft zu hoch:

> Interviewer: Aber woher wollen Sie dann das Geld herholen?
> Steinbrück: Das ergibt sich aus den *Vorrangigkeiten und vor allem Nachrangigkeiten*, die im Zuge einer Regierungsbildung gesetzt werden und die Einnahmen- wie Ausgabenseite des Bundeshaushaltes bestimmen. Darüber spekuliere ich jetzt nicht.
> (*Frankfurter Allgemeine Zeitung*, 24. Juni 2009)

Vorrang haben, kennen wir, Vorrangigkeiten aber nicht. Vorrangigkeiten ist eine Wortschöpfung des ehemaligen Bundesfinanzministers Peer Steinbrück, ebenso wie Nachrangigkeiten. Vorrangigkeiten und Nachrangigkeiten sollen uns wohl weismachen, der Minister hätte etwas Wichtiges gesagt. In Wahrheit steckt in diesem Satz nur die Aussage „Nichts genaues weiß ich nicht. Lassen Sie die Wahl vorüber sein und dann sehen wir weiter". Da aber zumindest in Krisenzeiten Wähler wissen wollen, was das Bundesfinanzministerium zur Verbesserung der Konjunktur plant, wird das Nichts mit Substantiven aufgeplustert und so, wie auch im nächsten Beispiel, die Inhaltslosigkeit übertüncht:

> Ziel des Bundesfinanzministers ist es, *die Wahrscheinlichkeit, dass der Steuerzahler belastet wird, möglichst klein zu halten.*
> (*Frankfurter Allgemeine Zeitung*, 23. April 2009)

Auch hier wäre weniger mehr gewesen. Warum nicht einfach schreiben: „Ziel des Bundesfinanzministers ist es, die Steuerzahler so wenig wie möglich zu belasten." An solcher Verstopfung und an schrägen Bildern krankt auch der nächste Satz:

> Dafür spare die Bundesregierung die damit verbundenen Zinsaufwendungen, und wir *setzen* den 1,5-Milliarden-Kredit, den die öffentlichen Hände, die Länder und der Bund garantieren, *eher in Gang*, als wir gedacht haben.
> (so zitiert die *Westfalenpost/Iserlohner Kreisanzeiger* Peer Steinbrück, 3. Juni 2009)

Fragen Sie sich auch, wie ein Kredit in Gang gesetzt wird? Und ist die Sache wirklich so kompliziert, dass man sich in einem Nebensatzgewirr verheddern muss?

Warum fließt nicht einfach ein 1,5 Milliarden-Kredit von Bund und Ländern an die Opelbieter?
Ein Zuviel an Hauptwörtern erdrückt geradezu den nächsten Satz:

> Die Regierungschefs der neuen Länder und Berlins haben sich für die Fortführung der EU- und Sonderhilfen über die bisherige Förderperiode hinaus ausgesprochen.

Hätte es hier nicht gereicht, wenn sich die Regierungschefs der neuen Länder dafür ausgesprochen hätten, den Osten weiter zu fördern? Blenderlatein ist auch der folgende Satz:

> *„Wir wollen keine Abbrüche von hundert auf null zulassen"*, sagte Brandenburgs Ministerpräsident Matthias Platzeck (SPD) gestern nach der Konferenz. „Vielmehr müssten vernünftige Übergänge geschaffen werden, damit bisherige Maßnahmen weiter fruchten könnten."
> (*Neue Osnabrücker Zeitung*, 12. Juni 2009)

Hier dramatisiert ein Ministerpräsident ohne aktuelle Not und beschwört, Szenarien, die noch gar nicht eingetreten sind. Denn im Moment sind Abbrüche von hundert auf null nicht in Sicht, zumindest das Ende des „Solis" ist 20 Jahre nach dem Fall der Mauer noch in weiter Ferne. Brandenburgs Ministerpräsident aber nutzt die Gelegenheit, das tägliche Geschäft von Politikern und ihren Behörden, sich bei Auslaufen von Fördergeldern um neue Geldquellen zu bemühen, mit künstlicher Dramatik zu versehen.

Texte aus der PR-Retorte

Vielen Journalisten fällt es schwer, sich von vorgestanzten Formulierungen aus Pressegesprächen und Pressemitteilungen zu lösen. Je negativer ein Ereignis, also bei Übernahmeschlachten oder bei bescheidenen Umsätzen, werden Wirtschaftsjournalisten zum Beispiel regelmäßig mit bürokratischen Worthülsen abgespeist (siehe hierzu auch Kapitel 4):

> Wie der Sportwagenhersteller in Stuttgart mitteilte, sollen *unter einer einheitlichen Führungsgesellschaft in der Endstruktur* zehn Marken nebeneinander stehen, wobei die Eigenständigkeit aller Marken und damit *auch von* Porsche gewahrt bleibe (…).
> Wie es weiter hieß, haben die Familiengesellschafter von Porsche unter ‚*Einbeziehung von Kapitalmaßnahmen*' Vorschläge diskutiert, die das Ergebnis intensiver Gespräche der Vorstände beider Unternehmen über die Vertiefung der Zusammenarbeit gewesen seien.
> (*Westfalenpost/Iserlohner Kreisanzeiger*, 7. Mai 2009)

Die *einheitliche Führungsgesellschaft in der Endstruktur* fand sich nicht nur in der regionalen Tageszeitung, die Qualitätsmedien übernahmen diese Formulierung ebenfalls. Aber was soll das bedeuten? Wer hat je von einer einheitlichen Führungsgesellschaft gehört? Hier hat eine PR-Abteilung zugeschlagen und unkritische Journalisten nach dem Motto „wir haben für sie eine Antwort parat, fragen sie bloß nicht nach Substanz" abgefüttert. Wie wir sehen, mit Erfolg. Auch die *Einbeziehung der Kapitalmaßnahmen* hätten gute Journalisten nicht einfach übernommen. Was kostet es, zu fragen, wie die Kapitalmaßnahmen im Einzelnen aussehen? Auch das folgende, schwer verständliche Zitat von Jürgen Geißinger, Chef des Autozulieferers Schaeffler, wurde in vielen Medien unverändert übernommen:

„Der Ursprungsgedanke, die Stärke der beiden Unternehmen so zusammenzuführen, dass dadurch ein für die Zukunft ausgerichtetes starkes Unternehmen entsteht, muss optimal umgesetzt werden", sagte Geißinger.
(*Neue Osnabrücker Zeitung*, 23. Mai 2009)

Hier wäre ein indirektes Zitat des Inhalts leserfreundlicher gewesen: Dass hier etwa zwei Unternehmen mit ihren Stärken zusammengeführt werden, um in Zukunft noch stärker zu werden. Oder wie war das gemeint? Wenn Vorstände so reden, ist das zwar kein Aushängeschild für die deutsche Wirtschaft, mag aber noch angehen. Wenn aber Journalisten diese Aussagen unbearbeitet wiederkäuen, stellt sich die Frage: „Wie konnte eine solch Radebrecherei übersehen werden?" Hier, wie auch beim folgenden Beispiel liegt jedenfalls der Verdacht nahe, dass der Journalist den Text der PR-Abteilung ungelesen übernommen hat:

Mittelfristig sollten die Schulden aus dem operativen Geschäft heraus schrittweise reduziert werden – ‚auch wenn 2009 und 2010 voraussichtlich keine Jahre sein werden, *in denen wir das ohne außerordentliche Ereignisse leisten können*', sagte Ebeling.
(*Neue Osnabrücker Zeitung*, 5. Juni 2009)

Die außerordentlichen Ereignisse haben wohl den Geist des Redakteurs derart vernebelt, dass er den Geschäftsführer der ProSiebenSat.1Media AG einfach mal hat reden lassen. Sagt doch Thomas Ebeling nichts anderes als dass der Medienkonzern auch 2010 noch rote Zahlen schreiben wird. Alles andere würde an ein Wunder grenzen („*außerordentliche Ereignisse*"). Und beim nächsten Beispiel hätte man den FDP-Generalsekretär durchaus bitten können, seine reichlich nebulöse Aussage für uns Normalbürger zu konkretisieren:

„Wir wollen, dass ein schwarz-gelbes Projekt Deutschland erneuert", sagte auch FDP-Generalsekretär Dirk Niebel.
(*Neue Osnabrücker Zeitung*, 23. Juni 2009)

Auch Journalisten ersinnen gerne vermeintlich bedeutungsschwangere Formulierungen, mit dem Ergebnis, dass nur noch der Verfasser weiß, was diese Texte eigentlich bedeuten:

> Katar wolle *politisch korrekt investieren* und sich mit keiner Seite anlegen, hieß es im Umfeld der Verhandlungen.
> ‚An dem Gesamtkonstrukt haben sie aber weiterhin großes Interesse – wenn denn die *Corporate Governance* geklärt ist', sagte ein Person mit Kenntnis der Vorhaben. (*Financial Times Deutschland*, 30. Juni 2009)

Was heißt „politisch korrekt investieren"? Oder „die Corporate Governance zu klären"? Geistig abgehängt wird der Leser auch bei dem folgenden missglückten Erklärungsversuch:

> Am Insolvenzplan wirken auch die Arbeitnehmer mit. Er fußt darauf, dass die Gläubiger der Sanierung zustimmen. Das tun sie in der Regel nur, wenn *der Fortführungswert des Unternehmens für sie mehr Erträge als der Zerschlagungswert verspricht.* (*Westfalenpost/Iserlohner Kreisanzeiger*, 26. Mai 2009)

Der Einstieg war klar formuliert. Dann kam dem Schreiber aber der Fortführungswert in die Quere und beendete den Versuch, einen verständlichen Text zu schreiben. Warum nicht so: Gläubiger stimmen eher zu, wenn sie bei einer Fortführung des Unternehmens mehr Erträge erzielen als bei seiner Zerschlagung.

Journalistisches Reizthema: Boni und Banken

Aber es gibt auch positive Beispiele. So sind Journalisten mehr denn je auf der Hut, wenn es um arglistige Täuschungsmanöver geht. Besonders intensiv beäugen sie seit Krisenbeginn vor allem die Banker, nehmen deren Extra-Zahlungen unter die Lupe und kritisieren, dass verschiedene Topmanager und sonstige Mitarbeiter schon wieder lukrative und in aller Regel unverdiente Boni einstreichen sollen.[33] Dabei hatten sich die Banker eigens neue Begriffe und Modelle einfallen lassen, um die Journalisten, die Aktionäre und die Bankenaufsicht hinters Licht zu führen: Die amerikanische Citigroup zum Beispiel suchte trotz 46-Milliarden-Euro-

---

[33] Unverdient deshalb, weil mit keinem Risiko verbunden: Macht die Bank einen Milliardenverlust, kostet das den Händler nichts. Man kann sich die Bonus-Jünger als eine Kriminellen-Clique vorstellen, die gemeinsam das Geld ihrer Banken bzw. der Bankkunden verwetten. Die eine Hälfte hat Glück und gewinnt, die andere Hälfte hat Pech und verliert. Die Gewinner kassieren einen guten Teil des Gewinns, die Verlierer zahlen nichts. Für die Clique insgesamt ein prächtiges und todsicheres Geschäft.

Staatsstütze nach *wettbewerbsfähigen Gehaltsmodellen*, der HSH-Nordbank-Chef Dirk Jens Nonnenmacher erhielt trotz 13-Milliarden-Euro-Zuschuss eine *Restrukturierungsprämie*[34] von 2,9 Millionen Euro. Außerdem schuf er das Modell einer mit maximal 120.000 Euro dotierten *Halte- oder Bleibeprämie*, um ausgewählte Mitarbeiter am Wechseln zu hindern. Und der Finanzvorstand, der mit 18,2 Milliarden-Euro aufgefangenen Commerzbank, Eric Strutz, kündigte bereits im Februar an, *die Commerzbank werde im Jahr 2009 „für geleistete Mehrarbeit als individuelle Anerkennung Prämien zahlen"*[35]. Selbst dem Vorstandschef der mit über 100 Milliarden Euro Staatsbürgschaften gestützten Hypo Real Estate, Axel Wieandt, gelang es, für sich eine einmalige Sonderzahlung von 500.000 Euro herauszuschlagen.

Zumindest in den Qualitätsmedien wird das ausführlich beschrieben und auch angemessen kommentiert:

> Die Banken lassen sich immer neue Wortkreationen einfallen, um das Wort Bonus nicht in den Mund nehmen zu müssen. Die Commerzbank nennt die Sonderzahlungen, die sie in diesem Jahr bislang Investmentbankern und Mitgliedern des Topmanagements zugesagt hat, nun ‚Stabilisierungszahlungen', ‚Integrationsmehraufwandpauschale' oder ‚leistungsunabhängige Mehraufwandsvergütung', die Landesbank Baden-Württemberg redet von einer ‚pauschalen Kompensationszahlung'.
> (*Financial Times Deutschland*, 10. August 2009)

> Man muss das Entlohnungssystem der Banken mit seinen famosen Garantieboni reformieren, die zur Krise beigetragen haben, weil sie die Börsenhändler zu unverhältnismäßigen Risiken verleiteten. Hier steht die Politik in der Verantwortung. Die Händler zu bitten, sich selbst zu bescheiden, ist ungefähr so seriös wie eine Kindergartenklasse unbeaufsichtigt in einem Laden für Süßigkeiten zu lassen.
> (Aus: „La Tribune", zitiert nach *Frankfurter Allgemeine Zeitung*, 25. August 2009)

Inzwischen ist das Bürokratendeutsch der Banken sogar selbst zum Thema geworden. So liefern Journalisten häufig Übersetzungen und erklären, was das Bankerdeutsch zu bedeuten hat:

> Immerhin habe man schon die Ausgaben für Verwaltung um 51 Millionen Euro verringern können, auch durch den Verzicht auf Bonuszahlungen. Im Bankenvorstandsdeutsch klingt das so: ‚Die Nichtzahlung diskretionärer variabler Vergütung reduziert den Verwaltungsaufwand'.
> (*taz*, 14. August 2009)

---

[34] Nonnenmacher im F.A.Z.-Interview am 22. August 2009.
[35] Frankfurter Allgemeine Zeitung, 18. August 2009.

Diese verstärkte Aufmerksamkeit umfasst auch andere Entwicklungen bei den Banken:

> ‚Der Konzern *braucht für den Fortbestand weitere Kapitalunterstützung in erheblichem Umfang*‘, erklärte Axel Wieandt am Freitag. Er rechne mit *hohen zukünftigen Ergebnisbelastungen, die zu einer anhaltenden Verlustsituation führen werden.*
> (*taz*, 8. August 2009)

Dieser Beschwichtigungsversuch von HRE-Chef Axel Wieandt verlängert jedes Hauptwort durch mindestens ein Beiwort, wie „*weitere Kapitalunterstützung in erheblichem Umfang*", „*hohen zukünftigen Ergebnisbelastungen*" und „*anhaltende Verlustsituation*" und versucht, ein miserables Ergebnis möglichst abstrakt darzustellen, in der Hoffnung, dass der Inhalt nicht ganz so drastisch wahrgenommen, wenn nicht sogar überlesen wird. Das ist aber nicht geglückt – die Qualitätsmedien haben diese Formulierungen aufgegriffen, die Leser auf die Un-Worte aufmerksam gemacht und in eindeutigen Kommentaren die desaströse Lage der Bank dargestellt:

> Neuer Milliardenverlust, Verluste bis mindestens 2012, dazu wackelnde Immobilienkredite in aller Welt: Wer glaubte, die marode Immobilienbank Hypo Real Estate sei mit 100 Milliarden Euro gerettet, hat sich schwer getäuscht. Es wird Jahre dauern, bis die Münchner Bank wieder stabil ist. Vielleicht wird sie es auch nie wieder sein. Die HRE ist zu einem Langzeit-Pflegefall geworden.
> (*Süddeutsche Zeitung*, 8. August 2009)

Das Bild vom Langzeitpflegefall erhellt, dass diese Bank auf Jahre Kosten produzieren wird, für die wohl die Steuerzahler aufkommen müssen. Diese verstärkte journalistische Wachsamkeit ist ein erfreuliches Ergebnis der Krise. Noch neun Monate zuvor konnte die HRE den meisten Journalisten und Politikern, aber auch der Bankenaufsicht noch ein X für ein U vormachen, wie HRE-Vorstandschef Georg Funke im September 2008 eindrucksvoll bewiesen hat. „Die Bank bräuchte nur einen „Überbrückungskredit", weil man „ein kleines Liquiditätsproblem hätte, das sich wieder beruhigen würde" (*Frankfurter Allgemeine Zeitung*, 19. August 2009).

Wie sensibel Journalisten wenige Monate nach Krisenbeginn auf beschönigende Formulierungen reagieren, zeigt die *Frankfurter Allgemeine Zeitung*:

> Auch müssen Abfindungen für ausscheidende Beschäftigte bei Versagen (‚negativen Erfolgsbeiträgen‘) gekürzt werden.
> (*Frankfurter Allgemeine Zeitung*, 15. August 2009)

Während die BaFin (Bundesanstalt für Finanzdienstleistungsaufsicht) in ihren Eckpunkten zur Begrenzung der Managergehälter den beschönigenden Begriff „negative Erfolgsbeiträge" verwendet, spricht die *Frankfurter Allgemeine Zeitung* klar von Versagen. Beispiele wie diese zeigen, dass sich die Qualitätsmedien an der Aufklärung von fehlerhaften Praktiken in der Bankenwelt beteiligen, Lesern hilfreiche Übersetzungen liefern, auf Un-Wörter aufmerksam machen und damit die Meinungsbildung konstruktiv unterstützen.

Aber in anderen Zusammenhängen ist die Bereitschaft, leeren Worten zu Leibe zu rücken, immer noch zu wenig ausgeprägt. Statt schwülstige Worte aus Politik und Wirtschaft auf ihren Nährwert zu überprüfen, gehen Journalisten häufiger den bequemeren Weg und reproduzieren unhinterfragt Hohlformeln aller Art, plappern papageiengleich zu vieles nach, was ihnen von dritter Seite vorgebetet wird. Ob von der Eitelkeit und Wichtigtuerei der Redner geblendet oder nur zu bequem, die Phrasen zu hinterfragen, oder ob zu arglos und zu naiv, um sie zu durchschauen, sei dahingestellt. Am wahrscheinlichsten ist, wie wir bereits im vorherigen Kapitel zu zeigen versucht haben, dass Politik, Wirtschaft und Medien mittlerweile so dicht aufeinander glucken, dass viele Journalisten diese Dienerrolle gar nicht mehr bemerken.

Ein sichtbares Ergebnis dieser bewussten und unbewussten Verbandelung ist das Bürokratendeutsch, das allen Warnungen der Stillehrer zum Trotz so viele Zeitungstexte verhunzt. Viele Leser haben zwar weder Zeit noch Lust, Monsterwörter oder Bandwurmsätze zu zerpflücken, aber sie nehmen sie doch als ärgerliche Erkenntnisbremse wahr und wenden sich anderen Medien zu, um sich zu informieren.

6 Ordnung ist das halbe Leben

„Und sagt klar und angenehm: Was erstens, zweitens, drittens käm!"

Wilhelm Busch

Ordnung in journalistischen Texten ist keine Zier, sondern eine schlichte Notwendigkeit, nur so sind Texte auf Anhieb zu verstehen. Das ist leicht gesagt und schwer getan. So machen etwa die Sechs-W-Fragen nach dem Wer, Was, Wann, Wo, Wie und Warum einen Nachrichtentext oft sperrig und spröde. Aber auch Hintergrundberichte oder Reportagen, die flott klingen sollen, verderben bei schlampiger Machart schnell den Hunger auf Informationen. Gut gemeint, aber nicht gut gemacht ist etwa der folgende nachrichtenschwere Korrespondentenbericht zu Barack Obamas Plänen, die Vergütung an der Wall Street neu zu ordnen und die Einkünfte der höchstbezahlten Beschäftigten der größten US-Unternehmen, die Staatsgelder bekommen, nach oben zu begrenzen.

Obama zeigt Managern Grenzen auf
Neuer Sonderbeauftragter soll Spitzeneinkommen und Boni kontrollieren
Boston. US-Präsident Barack Obama will die *Bezahlungsstruktur* an der Wall Street *sozial gerechter* gestalten. Die Aktionäre sollen mitreden dürfen, überhöhte Managergehälter und *Abfinden* sollen der Vergangenheit angehören.
(Neue Osnabrücker Zeitung, 12. Juni 2009)

Schon der kurze Vorspann, mit zwei abstrakten Begriffen im ersten Satz (Bezahlstruktur/sozial gerechter) und einem Flüchtigkeitsfehler im zweiten (Abfinden statt Abfindungen), reizt kaum zum Weiterlesen. Und wer es dennoch tut, trifft bald auf ein Sammelsurium ungeordneter Gedanken, die nur mit viel gutem Willen zu verstehen sind:

Das Original

Obama möchte die sogenannten „*goldenen Fallschirme*" für Topmanager durchlöchern, deren Unternehmen in der Wall-Street-Krise staatliche Hilfsgelder erhalten haben.

Die Kritik

Hier startet der Autor mit der starken unverbrauchten Metapher „goldene Fallschirme". Aber was bitte schön sind „goldene Fallschirme"? Wer in Deutschland weiß, dass in der amerikanischen Finanzwelt großzügige Manager-Abfindungen als „golden parachutes" bezeichnet werden?

Auch hierfür will Obama *wieder* einen Sonderbeauftragten der Regierung einsetzen.	Warum steht hier *auch hierfür*? Hat Obama denn sonst noch Sonderbeauftragte eingesetzt? Wie schon im Satz davor setzt der Schreiber Vorwissen voraus, das der Durchschnittsleser nicht hat.
Der „*Gehalts-Zar*" soll die Spitzenlöhne, Leistungsvergütungen und Abfindungen festsetzen, die oft „goldener Fallschirm" genannt werden, weil sie ausscheidenden oder gekündigten Spitzenkräften viele Millionen bescheren.	Und schon wieder wird der Leser von einem Gedankensprung überrascht: Vom Sonderbeauftragten landet der Autor direkt beim Gehalts-Zar. Soll originell klingen, verfehlt aber ohne Vorkenntnisse seine Wirkung. Seit Beginn seiner Amtszeit hat Obama verschiedene Sonderbeauftragte benannt (für GM, für Umwelt oder für das Verteidigungsministerium), im amerikanischen Volksmund „Tsar" genannt. Aber immerhin bekommen wir jetzt den „Goldenen Fallschirm" erklärt.
Der neue Obama-Beauftragte ist Rechtsanwalt Kenneth Feinberg, der für die Regierung die Regelung der Opfer-Entschädigung für die beim Anschlag vom 11. September getöteten und verletzten Personen überwacht hat.	Die sehr verständliche Information zur Person des Sonderbeauftragten wird mit Detailinformationen überladen, die nicht zur Geschichte gehören.
Feinberg soll Obamas Pläne für eine Beschränkung der Spitzengehälter umsetzen und neue Instrumente zur Einkommensfindung in den Führungsetagen einführen.	Dieser Satz hätte besser dem vorherigen vorgehen sollen.
Finanzminister Timothy Geithner nannte als Ziel, die Gehaltskultur an der Wall Street zu verändern.	„Gehaltskultur!" Aber dafür kann der Schreiber nichts.

Jahrelang hat ein besonderes Anreizsystem dafür gesorgt, dass Makler enorme Risiken eingingen, um mehr zu verdienen. Ging ihr Geschäft schief, so hatten sie nicht dafür geradezustehen. „Diese Finanzkrise hat viele Ursachen. Aber diese Praxis bei den Manager-Einkommen hat dazu beigetragen", sagte Geithner.

Das hätte an den Anfang des Textes gehört, um eine lineare Argumentationskette aufzubauen, die verständlicher gewesen wäre.

Hätte der Korrespondent sich weniger von farbigen Bildern als vom Willen, klar zu formulieren, leiten lassen, wäre es für den Leser leichter gewesen, ihm zu folgen. Warum nicht so:

1. Hohe Managergehälter sind mit an der Finanzkrise schuld.
2. Grund genug für den amerikanischen Finanzminister Timothy Geithner das Gehaltssystem neu zu ordnen und neue Vergütungsregeln aufzustellen.
3. Diese Aufgabe soll zukünftig der Rechtsanwalt Kenneth Feinberg übernehmen, der von Barack Obama zum Sonderbeauftragten für XY ernannt wurde. Feinberg ist bereits der xte Sonderbeauftragte, den der amerikanische Präsident seit Amtsbeginn ernannt hat; im amerikanischen Volksmund wird er „Gehalts-Zar" (Pay-Tsar) genannt.

Nachlässigkeiten wie in diesem Beispiel entstehen, weil Wirtschaftsjournalisten geradezu in Nachrichtentexten baden. So beziehen die meisten Tageszeitungen mehr als ein Nachrichtenagentur-Abo und werden so laufend – manchmal viertelstündlich – über neue Entwicklungen zu einer Sache informiert. Dabei landet mancher aktuelle oder interessant klingende Korrespondentenbericht ohne viel Überarbeitung schnell in der Zeitung, ohne eine Überprüfung, wo der Leser gerade steht. Denn dieser muss anders als der Wirtschaftsjournalist ohne die zusätzlichen Meldungen, Hintergrundberichte und Zusammenfassungen der Nachrichtenagenturen auskommen und ist daher meist „nur" auf dem Stand von gestern.

Doppelt gemoppelt hält schlechter

Neben ungeordneten Gedanken gehen auch unnötige Wiederholungen vielen Lesern auf die Nerven. Auch sie sind Ausdruck fehlender Mühe beim Ordnen und Gewichten, so wie in dem Artikel „*Auto-Streit eskaliert*" aus der *Süddeutschen Zeitung* vom 30. Juni 2009, der folgende Textteile enthält:

1. „Das ist für uns kein gangbarer Weg", sagte ein Porsche-Sprecher am Montag. Vor allem das niedrige finanzielle Angebot in dem Konzept für die Porsche-Anteile habe Wolfgang Porsche ‚*aus dem Häuschen gebracht*', heißt es in Stuttgart.
2. (...) Der Plan wird von der Familie *entrüstet zurückgewiesen*. Der Preis von drei bis vier Millionen Euro für die 49 Prozent sei viel zu niedrig, heißt es in Stuttgart.
3. (...) Das Angebot von VW macht die Familie ‚*wahnsinnig*', heißt es im Umkreis von Wolfgang Porsche.
(*Süddeutsche Zeitung*, 30. Juni 2009)

Dreimal das Gleiche! In dem Artikel aus der „Porsche-VW"-Serie geht es um ein Übernahmeangebot von Volkwagen an Wolfgang Porsche, das offenbar der Familie Porsche nicht gefallen hat. Warum aber diese Szene mit immer neuen Worten zelebrieren? So hat das Angebot Wolfgang Porsche *aus dem Häuschen gebracht* und *die Familie wahnsinnig* gemacht, so dass sie es *entrüstet zurückgewiesen haben*. Eine dieser deftigen Variationen hätte völlig ausgereicht, um klarzustellen, dass sich hier zwei Parteien nicht grün sind. Wie schon der Text über den Gehalts-Zar ist auch dieser Hintergrundbericht vermutlich nicht gegengelesen worden. So fehlt an einer Stelle das Ende des Satzes:

Da sich der kleine Sportwagenbauer übernommen hat, streiten die Manager beider Unternehmen seit Monaten darüber, wer bei einem Zusammengehen beider Unternehmen die Führung im neuen Konzern

übernehmen wird? Und ein anderer Absatz verwendet das Wort *erst* zweimal hintereinander:

Der Vorschlag wird von der Porsche-Familie auch abgelehnt, weil dadurch sofort der Kredit in Höhe von 10,7 Milliarden zurückzuzahlen wäre, den Porsche gerade *erst* von einem Bankenkonsortium *erst gerade* erhalten hatte.

Synonyme: Variatio sometimes non delectat

Neben ungeordneten Gedanken tragen auch Synonyme, die Vorwissen beim Leser voraussetzen, oft zur Verwirrung bei, etwa wenn Produktbeschreibungen oder geografische Angaben den Namen ersetzen: So finden wir im Umfeld der Berichte über Autobauer Bezeichnungen wie der *Sportwagenbauer* oder der *Autobauer aus Zuffenhausen* für Porsche, Stuttgarter *Premiumhersteller* für Daimler, *Weiß-blauer Hersteller* für BMW, *Volumenhersteller* für VW und *schwäbisch-niedersächsische Auto-Allianz* für die Porsche-VW-Verschmelzung.

Beliebt unter Wirtschaftsjournalisten ist auch das Synonym *Branchenprimus*, mal für die Deutsche Bank, mal für VW, mal für Bosch. Würde es eine Synonym-Hitliste in der Krise geben, so wäre die *Europäische Zentralbank* alias die *Währungshüter* aber die Nummer Eins. „Die EU-Währungshüter rechnen unverändert damit, dass die Wirtschaft der Eurozone und der gesamten EU im laufenden Jahr jeweils um vier Prozent schrumpfen wird" (*Die Welt*, 14. September 2009). Dergleichen Variationen erfreuen den Schreiber, den Leser aber nur dann, wenn Synonyme bekannt und eindeutig sind. Beim kleinsten Zweifel an der Verständlichkeit des Begriffs empfiehlt es sich, beim Ursprungswort zu bleiben.

Kein Synonym und auch keine Verunglimpfung, eher ein Fall von Verbraucher- und Lesertäuschung ist dagegen die Umbenennung der Hypo Real Estate (HRE). Heißen doch die guten Teile dieser marodesten aller maroden deutschen Banken seit Juli 2009 „Deutsche Pfandbriefbank AG". Das klingt nach solider, guter Wertarbeit und soll wohl den HRE-Makel, 100 Milliarden Euro Staatsgeld verbrannt zu haben, schnell vergessen machen. Ein Narr, der Böses dabei denkt.

Wenn Behörden unter Hochdruck arbeiten

Gleichnisse alias Metaphern, die im harmlosen Fall langweilen, im schlimmen Fall aber in die Irre führen, sind eine weitere häufige Quelle unnötiger Verwirrung und außerdem richtige Langeweiler. Journalisten greifen dennoch häufig nach ihnen, ohne auch nur eine Sekunde über ihre Bedeutung nachzudenken, weil sie sich aufgrund des täglichen Gebrauchs fest in ihre Hirne eingebrannt haben. Nur so lässt sich erklären, dass Manager von DAX-notierten Unternehmen, die im Durchschnitt 2,1 Millionen Euro jährlich verdienen, bei den Gehältern *Federn lassen* müssen. Oder dass deutsche Behörden seit Beginn der Krise *unter Hochdruck arbeiten*, sobald auch nur ein Antrag eingereicht wird, weil sie die Anträge auf *Herz und Nieren prüfen* und *fieberhaft nach Lösungen suchen*, was allerdings schon mal – wie bei Opel – Monate dauern kann.

So bringen Politiker dauernd etwas *auf den Punkt*, kehren nicht nur in Regierungskreisen *neue Besen* gut und fassen gleich die *heißen Eisen* an, um sich wie Bundeswirtschaftsminister von und zu Guttenberg damit prompt *zwischen die Stühle zu setzen*. Solche Bilder sind weder interessant, noch reizen sie zum Weiterlesen. Vielmehr ermüden die immer gleichen schalen, muffigen, hausbackenen Formulierungen für tausendundeins verschiedene Sachverhalte selbst gutmütigste Leser.

Folgende Textbausteine etwa gehören deshalb in den Festplatten aller Journalisten gelöscht: *Auf Augenhöhe sein, auf der Kippe stehen, auf die Beine stellen, auf die lange Bank schieben, Auftrag an Land ziehen, aus dem Schneider sein, ausgetretene Pfade, ein Auge auf etwas werfen, greifbare Nähe, grünes Licht geben, im Sande verlaufen, in die Fußstapfen anderer treten, ins Visier nehmen, ohne Durchbruch zu Ende gehen, zu Buche schlagen.*

Und auch das Bild von der *Talfahrt von X oder Y* sollte aus den Zeitungen verschwinden oder skifahrenden Ministerpräsidenten vorbehalten bleiben. Der reflexartige Gebrauch von derartigen Bildern verdrängt jedes Nachdenken darüber, ob sie eine Aussage wirklich unterstreichen. So ist zum Beispiel das Bild von der Finanzspritze immer dann unzutreffend, wenn Subventionen in Milliardenhöhe zur Debatte stehen. Wer hier von einer „Spritze" redet, verniedlicht einen schlimmen Sachverhalt. Der Hypo Real Estate zum Beispiel helfen keine Finanzspritzen mehr, sie hängt, wie die *Süddeutsche Zeitung* es treffend formuliert hat, „am Tropf". Und noch ist nicht abzusehen, wann die lebensverlängernden Infusionen einmal enden werden.

Auch bei Haushaltslöchern, über die seit Krisenausbruch vermehrt berichtet wird, trifft das Bild des „Loches" oft nicht zu. Ein Krater wäre vielfach treffender (gewesen). Und wegen bewusster Irreführung gehört der Autor der folgenden Meldung bestraft (es sei denn, hier war Ironie im Spiel, aber die ist eine zweischneidige Sache, weil nicht jeder den gleichen Humor besitzt):

> Berlin. (rtr) Die große Koalition schnürt Unternehmen in der Wirtschaftskrise ein weiteres Konjunkturpäckchen aus Steuererleichterungen (…) Die Entlastungen summieren sich für 2009 und 2010 auf knapp zwei Milliarden Euro.
> (*Westfalenpost/Iserlohner Kreisanzeiger*)

Zwei Milliarden Euro sind kein Päckchen, sondern ein Paket. Und auch das in der Finanzkrise neu entworfene Bild vom „Risikoappetit" der Banken, die wieder Lust aufs Spekulieren bekommen haben, verdeckt die Gefahr, dass dieser Appetit sich vielleicht wieder zum Heißhunger auswächst.

Verbrauchte Bilder können nur dann erfrischen, wenn sie unerwartet kommen, etwa wenn „*die Kanzlerin versuchte, die Gemüter zu kühlen*" (Neue Osna-

brücker Zeitung, 11. Juni 2009), statt – wie sonst immer – zu beruhigen. Ansonsten sollte man sich von ausgereizten Schablonen, Klischees und Schemen verabschieden und nach wirklich treffenden Formulierungen suchen.

7 Rätselhafte Überschriften

> „Wenn die Überschrift noch den Extrakt der Nachricht, des Artikels enthielte: Keine Spur! Anreizen soll sie, und die Folge ist, dass der ewig überhungrige Leser die Kaviarschicht durchbeißt, auf den pappigen Teig stößt und dann das Ganze überdrüssig wegwirft. So werden viele guten Dinge diskreditiert: nur durch die Überschrift."
>
> *Kurt Tucholsky*

Die mangelnde Leserorientierung vieler Journalisten zeigt sich auch an den Überschriften ihrer Texte. An Stelle einer knappen, bodenständigen Inhaltsangabe findet man hier zunehmend feuilletonistische Sprachspiele aller Art. Aber Witz, Doppeldeutigkeit, Ironie, Spott, Sarkasmus und auch intellektuelle Anspielungen vertragen sich oft nicht mit unmittelbarer Verständlichkeit. Man imponiert so vielleicht dem Kollegen und auch dem einen oder anderen Leser, aber dem eiligen Leser, und das sind die meisten, erschwert man das Verstehen.

Sprachspiele in Überschriften sind vor allem deshalb so beliebt, weil diesen Teil des Textes wirklich jeder liest. Hier lässt sich an einem exponierten Ort schön zeigen, wes Geistes Kind man ist. Ursprünglich war dieses selbstverliebte Hantieren mit Wortschöpfungen und Metaphern ein Markenzeichen des SPIEGELs, dann erfasste es die *taz*, die etwa die Wahl von Kardinal Ratzinger zum Papst mit „Oh, mein Gott" und die von Angela Merkel zur Bundeskanzlerin mit „Es ist ein Mädchen" kommentierte, und inzwischen wird es von der *Financial Times Deutschland* auf die Spitze getrieben: Nach den Bombenanschlägen auf Mallorca im August 2009 provozierte der Leitartikel so mit der bitterbösen Schlagzeile *„Auf zum Ballermann"* und versah eine Hintergrund-Reportage über hohe Banker-Boni mit einem zünftig klingenden *„Banken lassen's wieder krachen"*.

Leider passt aber die Originalität so mancher Titelkreation oft nicht mit der Aussage des nachfolgenden Textes zusammen. Auch im Kielwasser der Wirtschaftskrise tummeln sich so manche Wortschöpfungen, die weniger zum Lesen als zum Grübeln anregen. Oder wissen Sie etwa, was Vermachtung ist?

Rettung der großen Betriebe führt zur *Vermachtung*
Monopolkommission warnt/Kartellamt: Kein Hinweis auf Preisabsprache an Tankstellen
(*Frankfurter Allgemeine Zeitung*, 28. April 2009)

Wer wird hier von wem vermachtet? Ersonnen wurde dieser Begriff von Schröders Agenda-Konstrukteuren, die dieses nicht im Duden aufgeführte Wort „vermachten" 2003 erschaffen haben, um auf verkrustete Strukturen aufmerksam zu machen. Laut SPIEGEL-Definition steht „vermachten" für *die gegeneinander gerichteten Einflüsse der verschiedenen ‚Mächte' von politischen und wirtschaftlichen Verbänden, Institutionen und Organisationen, die in der Vergangenheit Reformvorhaben so schwer durchsetzbar gemacht haben*[36]. Aber neun von zehn Lesern haben die Meldung wohl als Warnung gelesen, dass Staatssubventionen die Macht einiger weniger Unternehmen stärken könnten.

Auch der folgende Titel ist eine Wortneuschöpfung, die auf die „Unbeholfenen" anspielt, allerdings mit leicht irritierender Wirkung:

Die Ungeholfenen
Mit Milliarden rettet der Staat deutsche Unternehmen wie Opel. Anderen werden die Hilfen verweigert. Einer davon ist der Autozulieferer Aksys, der nun Insolvenz anmelden muss. Die Geschichte eines stillen Scheiterns.
(*Financial Times Deutschland*, 8. Juni 2009)

Wenig überzeugend wirkt desgleichen das Bild von der aufgeweichten Schuldenbremse. Dass man auf die Bremse treten kann, weiß jeder. Aber wie man eine Bremse aufweicht, das ist noch die Frage.

Die SPD will die Schuldenbremse aufweichen
(*Frankfurter Allgemeine Zeitung*, 26. Mai 2009)

Zuweilen erwecken Überschriften auch den Eindruck, dass sie, wie im folgenden Beispiel, in die Kunst des Zwischen-den-Zeilen-Lesens einführen wollen:

Fiat stellt Opel-Werk Kaiserlautern in Frage
(*Westfalenpost/Iserlohner Kreisanzeiger*, 5. Mai 2009)

Gutwillige Leser fragen sich bei dieser Überschrift: „Will Fiat das Werk in Kaiserslautern schließen?" und wundern sich, warum der Journalist das nicht einfach geschrieben hat.

Auch die nächste Schlagzeile trainiert die grauen Zellen. Stellt sich doch hier die Frage, wer oder was ist die Aufsicht?

Neue Pflichten für die Aufsicht
(*Neue Osnabrücker Zeitung*, 19. Juni 2009)

---

[36] http://www.spiegel.de/politik/deutschland/0,1518,240176,00.html.

Wer hier an Pausenaufsicht oder Bademeister denkt, sei darauf hingewiesen, dass dieser Titel im Zusammenhang der Verabschiedung des Gesetzes zur Angemessenheit von Vorstandsgehältern entstanden ist.

Noch anspruchsvoller und damit unverständlicher sind Überschriften, in denen Bilder gewählt werden, auf die man sich keinen Reim machen kann. Oder wissen Sie, was Wahlprüfsteine sind? Unter einer besseren Aktienkultur kann sich der gemeine Leser mit gutem Willen und einiger Fantasie ja noch etwas vorstellen. Aber unter Wahlprüfsteinen?

Wahlprüfsteine für bessere Aktienkultur
Aktieninstitut warnt vor Börsenumsatzsteuer und fordert Reform der Abgeltungssteuer
(*Frankfurter Allgemeine Zeitung*, 22. April 2009)

Dem Verständnis im Wege stehen auch Überschriften, bei denen der Autor um die Ecke gedacht und gehofft hat, dass auch Leser Spaß am Rätselraten haben. Denn diese Denkspiele setzen beim Leser Vorwissen voraus und laufen ins Leere, wenn dieses fehlt:

Im Minus-Wunderland
Die Wirtschaft schrumpft schneller denn je, die Politik kann dies nur abmildern, aber nicht verhindern
(*Süddeutsche Zeitung*, 23.April 2009)

Die Minus-Maler
Wie die Steuerschätzer arbeiten – und was ihre Fehleinschätzungen bewirken
(*Frankfurter Rundschau*, 13. Mai 2009)

Während es mit etwas geistiger Mühe noch möglich ist, vom Wirtschaftswunderland auf das Minuswunderland zu kommen, versteht den „Minus-Maler" nur, wer auf der gleichen Welle schwimmt wie der Autor. Auch der folgende Titel baut auf die aktive, geistige Mitarbeit des Lesers. Die Überschrift funktioniert nur, wenn die Leser wissen, dass a) der Staat den Opel-Bietern Bürgschaften in Aussicht stellt (= „Mitgift") und b) das Zusammengehen von Fiat und Opel von Sergio Marchionne als „Hochzeit" bezeichnet wurde.

Arbeiten an der Mitgift
Opel und der Betriebsrat einigen sich bei zwei Dritteln der angepeilten Milliarden-Einsparung. Fiats Standortgarantie stößt auf Zweifel
(*Süddeutsche Zeitung*, 28. April 2009)

Ebenso rätselhaft sind die folgenden Schlagzeilen für alle Leser, die nicht wissen, dass der Begriff „Entgiftung" seit September 2008 seltener im Zusammenhang mit Drogenkonsum oder Feinstaub als mit wertlosen Kreditderivaten benutzt wird.

Beitrag zur Entgiftung der Bilanzen
Die Eckpunkte des Bad-Bank-Modells
(*Westfalenpost/Iserlohner Kreisanzeiger*, 14. Mai 2009)

USA treiben Entgiftung voran
Washingtons Programm zum Aufkauf von Risikopapieren durch private Anleger kommt
(*Financial Times Deutschland*, 1. Juli 2009)

Das Gleiche trifft auf das Sprachspiel mit dem *Hummer* zu, einem bis zur Insolvenz im Sommer 2009 von General Motors hergestellten Geländewagen, dessen Markenrechte im Juni 2009 von dem Maschinenhersteller Tengzhong Heavy Industrial Machinery aus China erworben werden sollten:

Hummer wird chinesisch
(*Financial Times Deutschland*, 4. Juni 2009)
China findet Hummer zu schmutzig
(*Süddeutsche Zeitung*, 27. Juni 2009)

Der letzte Titel regt vielleicht zum Schmunzeln an, erklärt dem Uneingeweihten aber wenig. Denn dass die Chinesen, die bislang wenig Wert auf Umweltschutz gelegt haben, den Geländewagen wegen des hohen Spritverbrauchs kritisieren, ist erst im Text zu lesen. Auch kann bei einigen Lesern ein Teekesselchen-Effekt eintreten, so dass Krebse und Geländewagen miteinander verwechselt werden. Und selbst bestens über die Vergiftung von Wertpapieren informierte Zeitungsleser werden mit der folgenden Überschrift nichts anzufangen wissen:

Lehmans Radio-Aktiva

Dieser Titel spielt ausnahmsweise nicht auf „giftige" Papiere oder Banken an. Auch wenn wir es hier mit der Pleitebank Lehman Brothers zu tun haben, geht es um Uran, das Lehman Brothers als Anlage gekauft hatte und das ausreichen soll, um eine Atombombe zu bauen.

> Die US-Investmentbank, deren Pleite im vergangenen Herbst beinahe eine Kernschmelze des Finanzsystems auslöste, hat sich im großen Stil mit waffenfähigem Uran eingedeckt.
> (*Financial Times Deutschland*, 15. April 2009)

Hier tritt die große Crux des Titel-Formulierens zutage: Journalisten verfassen die Schlagzeile oft am Schluss, nachdem sie den Inhalt ihres Textes kennen. Sie haben also einen gehörigen Informationsvorsprung vor dem Leser, und diese Kluft zwischen Journalisten- und Leser-Wissen ist den Schreibern nicht immer bewusst. So laufen sie leicht Gefahr, Gedanken zu überspringen und den Leser zu überfordern.

Gute Titel sollen direkt zum Kern einer Sache führen und so für den Inhalt werben. Sind sie darüber hinaus noch einfach und knackig oder gar originell, umso besser. Auf jeden Fall müssen sie den Leser ansprechen, ihn zum Weiterlesen animieren. Aber wer Worte erfindet, die sich nicht selbst erklären, wer um die Ecke denkt, um seine Bildung zur Schau zu stellen, wer Doppeldeutungen ausreizt oder sich vorrangig an seiner eigenen Zunft orientiert, der erreicht gerade dieses Ergebnis nicht. Und auch die gängige Rechtfertigung von Journalisten, *rätselhafte Titel würden neugierig machen*, ist längst widerlegt[37]. Eher ist das Gegenteil der Fall; Leser sind nicht bereit, sich bei der Zeitungslektüre etwas zusammenzureimen, stattdessen klappen sie die Zeitung zu.

---

[37] Vgl. Häusermann 2005, S. 183.

8 Überflüssige Adjektive

> „Bevor Sie ein Adjektiv hinschreiben, kommen Sie zu mir in den dritten Stock und fragen, ob es nötig ist."
>
> *Georges Clemenceau, Zeitungsverleger und später französischer Ministerpräsident*[38]

Adjektive alias Eigenschaftswörter sind das Mittel erster Wahl für Irreführer, Blender, Schönfärber und Sprachpanscher und aus diesem gutem Grund führen sie die Streichlisten aller Stil- und Journalistiklehrer an. Meistens, wie bei der „trauernden Witwe" oder dem „strahlenden Sieger", sind sie überflüssig. Dass Witwen trauern und Sieger strahlen, weiß man sowieso (anders wäre es natürlich, wenn sie uns überraschen, wenn also die Witwe strahlt und der Sieger trauert). Hier einige weitere Beispiele:

schlecht	**besser**
erhaltene Ergebnisse	Ergebnisse
exemplarisches Beispiel; illustratives Beispiel	Beispiel
deskriptive Beschreibung	Beschreibung
durchschnittliche Lebenserwartung	Lebenserwartung
fundierte Grundlagen	Grundlagen
quantitative Abschätzung	Abschätzung
asymptotischer Grenzwert	Grenzwert
resümierende Zusammenfassung	Zusammenfassung
empirische Anwendung	Anwendung
entstandene Situation	Situation
telefonischer Anruf	Anruf

Nicht ohne Grund ist daher das gehäufte Auftreten von Eigenschaftswörtern für Stilpapst Wolf Schneider eine Krankheit, die er Adjektivitis nennt. Diese Adjektivitis ist bei Standardschreibern (Genies wie Thomas Mann sind hier natürlich

---

[38] http://www.welt.de/vermischtes/wortgefecht/article2831951/Warum-Adjektive-oft-richtig-super-ueberfluessig-sind.html.

ausgenommen) ein Zeichen, dass etwas im Argen liegt oder dass man schlampig schreibt. Gute Schreiber vermeiden daher auch die Konstruktion Hilfsverb-Adjektiv, besonders, wenn das Adjektiv aus einem Verbum stammt. Dann tut nämlich das Verb, wie in den folgenden Beispielen, auch allein und besser seinen Dienst:

schlecht	**besser**
ist abhängig	hängt ab
ist angewiesen auf	braucht
ist ansteigend	steigt an
ist atemberaubend	raubt den Atem
ist auffällig	fällt auf
ist ausreichend	reicht aus
ist ausschlaggebend	gibt den Ausschlag
ist beruhigend	beruhigt
ist dominierend	dominiert
ist fallend	fällt
ist geeignet	eignet sich
ist gültig	gilt
ist hilfsbedürftig	braucht Hilfe
ist konvergent	konvergiert
ist naheliegend	liegt nahe
ist schmeichelhaft	schmeichelt
ist quälend	quält
ist reagibel	reagiert
ist schwerwiegend	wiegt schwer
ist störend	stört
ist wenig aussagekräftig	sagt wenig aus
ist überraschend	überrascht
ist überzeugend	überzeugt
ist unbefriedigend	befriedigt nicht
ist variabel	variiert
ist verschwommen	verschwimmt

Und wenn schon eine nähere Umschreibung eines der zentralen Satzteile Subjekt, Objekt oder Prädikat, dann nie mehr als eine zugleich. Also:

„Das Sozialprodukt fiel um satte 10 Prozent"

oder

„Das Sozialprodukt fiel überraschend um 10 Prozent"

oder

„Das preisbereinigte Sozialprodukt fiel um 10 Prozent"

aber nicht:

„Das preisbereinigte Sozialprodukt fiel überraschend um satte 10 Prozent."

Und auch nicht so:

Der *tief in den roten Zahlen steckende* Maschinenbauer Heidelberger Druck hat eine *drohende* Insolvenz abgewendet. (10. Juni 2009)

Angesichts *dramatisch schlechter Umfragewerte* für die SPD fordern Vertreter der Parteilinken eine *verstärkte Konzentration* auf soziale Themen. (13. Juni 2009)

Die *drastisch nach unten revidierten* Prognosen über die wirtschaftliche Entwicklung sind die Folge *der immer weiter wachsenden Welle der Insolvenzen.* (13. Juni 2009)

Der Vorstandschef bezeichnete den Vertrag laut „Bild" als *eine „faire Vereinbarung,* denn der Job bei Arcandor ist eine *riesige Herausforderung mit großem Risiko."* (13. Juni 2009, Quelle: *Neue Osnabrücker Zeitung*)

Wie alle Regeln fordert auch diese Ausnahmen geradezu heraus. Aber als grober Schutz vor Sprachverstopfung tut sie durchaus ihren Dienst.

Zutaten versus Hauptgericht

Adjektive verschmutzen oft die eigentliche Botschaft, so wie überflüssige Gewürze einen guten Braten. In der Krisenküche konnte man jedenfalls etliche verdächtige Wortschöpfungen entdecken, die vorher eher selten zu finden waren. Mit *toxischen Papieren* und *Bad Banks* ging es los. Seither lässt sich in allen Zeitungen beobachten, wie vormals unbekannte (oder in dieser Verwendung unbekannte) Adjektive an Hauptwörter andocken und sich seuchenähnlich im Blätterwald verbreiten. Zu den prominentesten Wortpaaren zählen *systemische Risiken, systemrelevante Banken, frisches Kapital, frisches Geld,* neuerdings auch *billige Kredite, geordnete Entlassungen* und *geordnete Insolvenzen.* Sie wurden aus der Erklärungsnot von Politikern, Bankern oder Wirtschaftsführern geboren und nur allzu bereitwillig von Journalisten in normalen Berichten und nicht nur in Kommentaren in Umlauf gebracht.

Dabei wäre ein zweiter Blick oft durchaus angebracht. Weil dies aber kaum geschieht, entsteht bei manchem Leser das Gefühl, dass da etwas nicht stimmt. Und das zu Recht: Denn diese Wortpaare eignen sich vorzüglich, missliche Situationen zu übertünchen, Dinge zu verharmlosen oder das Publikum auf eine einzige Lesart einzustimmen.

Die neuen Wortkombinationen kommen gewöhnlich nicht allein daher, sie werden zumeist in Texten zu einem Argument verdichtet. Dabei lassen die Stringenz und die Wertungen den Lesern kaum eine andere Wahl, als der dargebotenen Beweisführung zu folgen, zumindest dann, wenn, wie so oft, keine Alternativen präsentiert werden. So leben wir seit Ausbruch der Krise mit *systemischen Risiken*, was ausdrücken soll, dass ein Problem eine ganze Volkswirtschaft erschüttern kann und damit uns alle angeht. Die *systemischen Risiken* bleiben aber nicht abstrakt, sondern werden meistens als *heikle Papiere, faule Kredite, giftige* oder *toxische Papiere* definiert oder – wie die Sozialwissenschaftler sagen – operationalisiert. Und weil die Papiere die Eigenschaft haben, gefährlich zu sein, werden sie wie Müll behandelt und in einer Art Deponie, der neu geschaffenen *Bad Bank* alias Giftbank ausgelagert. Parallel hierzu lesen wir in den Tageszeitungen, dass die Banken *billiges Geld* und *frisches Kapital* erhalten, damit es zu einer Bereinigung der Lage kommt, die gern als *Bodenbildung* bezeichnet wird (deren Deutung meist den Lesern überlassen bleibt).

In den ersten Krisenmonaten dominierte in den Berichten die Sicht der Opfer, man las von *krisengeschüttelten Landesbanken,* einem *krisengeschüttelten Finanzsektor,* einer *schwer angeschlagenen Landesbanken-Branche, unter hohen Schulden ächzenden Autozulieferern* oder *gebeutelten Autokonzernen.* Einmal auf diese Argumentation eingeschworen, muss jeder Medienkonsument zwangsläufig folgern, dass den Opfern geholfen werden muss, und zwar mit *nötigen Zwischenkrediten, dringend benötigten Strukturhilfen, lebenswichtigen Darlehen* oder einer *überlebensnotwendigen Kapitalerhöhung für die angeschlagene HSH Nordbank.* Wenn dann schließlich die Rettung in Form von *erfahrenen Sanierern* mit *überzeugenden Sanierungsplänen* oder *nochmals verschärften Sanierungsplänen* naht, wird diese Beeinflussung in eine bestimmte Richtung nochmals weiter verstärkt

und gipfelt in der vollständigen Übernahme der Zu-Rettenden-Perspektive, wie sich an Formulierungen wie *unliebsame Auflagen, harte Auflagen, harte Durststrecke* oder *empfindliche Konsequenzen* ablesen lässt.
Dabei bestimmen vor allem die Adjektive die Klangfarbe des Geschriebenen. Mit objektiver Berichterstattung hat eine solche Argumentation oft nicht mehr viel zu tun. Zu den Wortpaaren mit Verharmlosungsgarantie gehören *abgespecktes Gesamtunternehmen, radikal verschlanktes Unternehmen, negativer Kaufpreis, niedriges Wachstum* (bei Schrumpfung), *geordnete Insolvenz, geordnete Rettung* und *geordnete Entlassungen*. Immer wieder sind es die Adjektive, die das nackte Substantiv aufladen, bis die wertende Dauerberieselung ihre Wirkung entfaltet und Maßnahmen klaglos akzeptiert werden, die bei anderer Beschreibung vermutlich nicht so einfach durchgewunken worden wären.

Keine Sonntagsreden ohne Adjektive

Wegen ihrer suggestiven Wirkung sind Adjektive auch eine wichtige Zutat in Sonntags- oder Wahlkampfreden. Dabei finden wir immer wieder die gleichen nichtssagenden Wortkombinationen zum Andicken inhaltlicher Magerkost. Besonders die folgenden Phrasen zählen zu den Krisengewinnern:

Ziel	**Phrasen**
Beziehung aufplustern	strategische Partnerschaft
alltägliche Situationen überhöhen *oder*	intensive Diskussion, komplexe Debatte
alltägliche Handlungen hochspielen	bestes Einvernehmen, konstruktiver Rahmen, konstruktive Beiträge
	totale Unterstützung, klares Prozedere,
	Untersuchung vollumfänglich unterstützen
	umfassende Untersuchung, ausgewogene Prüfung, endgültige Entscheidung
Material veredeln	Harte Daten, testierte oder belastbare Zahlen
Unwissenheit verbergen	Begründete Aussicht

Kritik bestärken	Kritische Haltung, erhebliche Zweifel, große Skepsis, massive Bedenken
ein schlichtes Nein aufblasen	sehr klare Ansage, deutliche Absage, scharfer Protest
Taten aufmotzen oder Tatkraft simulieren	eindrucksvolle Rede, enorme Anstrengungen, Vorschläge aktiv aufgreifen erklärtes Ziel, feste Absicht, feste Meinung, radikale Neuordnung, radikal umkrempeln, radikale Schrumpfkur, totaler Kassensturz
Problem aufbauschen	Kritische Bedeutung, harte Probe, trauriger Rekord, heftiger Einbruch, scharfer Einbruch, signifikanter Rückgang der Bilanzsumme, signifikante Verlustsituation
Ergebnisse überhöhen	wichtiger Erfolg, verschärfte Sparprogramme, voluminöse Steuerentlastungen, substanzielle Hilfe, substanzielle Verbesserungen, substanziell verbesserter Antrag. tragfähige Zukunftsperspektive, starker, fester und nachhaltiger Wachstumspfad, stärkere Krisenfestigkeit, signifikantes Erholungspotenzial

Wortpaare wie diese sind oft aus den Reden oder Presseerklärungen der Entscheidungsträger wörtlich übernommen. Den Mangel an Inhalt bemerkt man spätestens, wenn man sie untereinander austauscht: „Ich habe die feste Absicht, eine strategische Partnerschaft einzugehen, um den signifikanten Rückgang der Bilanzsumme auszugleichen und die Wirtschaft auf eine tragfähige Zukunftsperspektive einzuschwören." Oder so: „Es war eine konstruktive Debatte, bei der wir ein klares Prozedere festgelegt haben, wie wir eine radikale Schrumpfkur einleiten, um die Wirtschaft auf einen starken, festen und nachhaltigen Wachstumspfad zurückzuführen."

Dergleichen Sprachhülsen und gestelztes Geschwätz bauscht Banalitäten auf, suggeriert Tatkraft und Lösungskompetenz (oder versucht es) und soll von der

Tat und der Ehrenhaftigkeit des Handelnden überzeugen. Warum zum Beispiel unterstützt der Ex-Arcandor-Chef Thomas Middelhoff nicht einfach die Ermittlungen der Justiz, sondern kündigt stattdessen an, sie *vollumfänglich unterstützen zu wollen?*

Eine Untersuchung, wie sie Bundesjustizministerin Brigitte Zypries anrege, werde „den jetzt aus der Anonymität heraus vorgetragenen Angriffen den Boden entziehen", betonte Middelhoff gestern in einer Erklärung. *„Ich werde die Arbeit der zuständigen Stellen vollumfänglich unterstützen." (Neue Osnabrücker Zeitung,* 8. Juni 2009*)*

Bei anderen Beispielen lässt sich fragen, warum eine Schrumpfkur und eine Neuordnung noch mit dem Adjektiv radikal versehen werden müssen, wenn doch die Schrumpfkur und die Neuordnung schon ihrem Wesen nach radikal sind. Und ist es nicht die Bestimmung einer Prüfung, ausgewogen, die einer Untersuchung, umfassend zu sein? Und wie kann etwas Krisenfestes noch weiter gesteigert werden? Durch das Hinzufügen des Adjektivs „stärkere" verliert die Krisenfestigkeit im Gegenteil an Wert und wird aufgeweicht.

Hier einige weitere Angeberadjektive und -adverbien, die derzeit Konjunktur erleben:[39]

Belastbar: Warum reicht es nicht, dass Zahlen einer Prüfung standhalten? Dass sie also nachprüfbar sind und sich bei der Prüfung als richtig erweisen? Warum müssen Zahlen heute „belastbar" sein? Ist das klarer, deutlicher, sicherer? Und warum ist es für überprüfbare und richtige Zahlen eine Belastung, überprüft zu werden? Eine Belastung kann es doch nur für falsche Zahlen sein, vor allem für den, der die falschen Zahlen produziert hat. Sehr verräterisch, jedenfalls beim näheren Hinsehen.

Differenziert wird heute gerne dem passiv gebrauchten Verb „betrachten" vorangeschickt und soll dann mehrere Dinge auf einmal ausdrücken: Der Sprecher weiß alles besser, es geht um etwas Unangenehmes, und der Angesprochene hat sich auf eine faule Ausrede gefasst zu machen. Aktuell zum Beispiel müssen die Arbeitslosenquote, die Staatsverschuldung, die Wirtschaftskrise, die Staatsbürgschaften für Opel-Bieter, aber auch die Erderwärmung und der Untergang des Abendlandes „differenziert betrachtet werden".

Auf das differenzierte Betrachten folgt das differenzierte Angehen. Differenziert angegangen werden zur Zeit: der Klimaschutz, die Abschaffung der Atomwaffen, die Neuverschuldung und die Reform der Landesbanken. Differenziert angehen heißt im Klartext: Erst einmal nichts tun. „Wir brauchen statt dessen ei-

---

[39] Aus Krämer und Kaehlbrandt 2009.

nen differenzierten Blick auf die Dinge und differenzierte Lösungen", lässt uns Ex-Bundesjustizministerin Brigitte Zypries wissen.

Das Gegenteil von differenziert ist „holzschnittartig". Unerwünschte handlungsleitende Vorschläge entspringen einem „holzschnittartigen Bild der Lage" und verführen zu Aktionismus. Dagegen hilft vor allem eins: die Dinge erst einmal in Ruhe differenziert betrachten.

Nachhaltig: Dieses früher unauffällige Beiwort macht in den letzten Jahren Karriere. Davor kam es allenfalls bei einem nachhaltigen Gelage vor, worunter man noch am nächsten Tag zu leiden hatte. Heute ist „nachhaltig" etwas Gutes und klebt als Qualitätsausweis an allem, was einen Qualitätsausweis benötigt, von der Beschäftigungs-, Haushalts- und Landwirtschaftspolitik über die wirtschaftliche Dynamik bis zum Pflege-, Verkehrs- und Mobilitätssystem – das Wort hat das Potential, „sozial" und „ökologisch" als Allzweck-Gutvokabel abzulösen. So titelte beispielsweise die Neue Osnabrücker Zeitung „Primondo sucht nachhaltiges Kapital" und meint tatsächlich, die Leser würden verstehen, was der Autor gemeint hat. Nämlich, dass die Versandhandelsgruppe eine auf Dauer angelegte Strategie und Geld benötigt, um nicht den „Heuschrecken" zum Opfer zu fallen, wie der Arcandor-Insolvenzbeauftragte Jörg Nerlich in dem Artikel mutmaßte (*Neue Osnabrücker Zeitung*, 28. September 2009).

Entstanden ist das Wort aus der „Nachhaltigkeit", die viele für eine Übersetzung der englischen „sustainability" halten. So kann man das in der 15. Auflage der Brockhaus Enzyklopädie von 1998 lesen. In Wahrheit ist aber umgekehrt die „sustainability" die englische Übersetzung der im 18. Jahrhundert von dem deutschen Forstwirt Carl von Carlowitz geprägten Nachhaltigkeit: Carlowitz hatte dieses Kunstwort zur Beschreibung seiner Methode zur Bewirtschaftung der Wälder erfunden, und über lange Jahre ist seine Erfindung aus eben diesen Wäldern nicht hinausgekommen. Doch dann erfolgte das unabdingbare Andocken an das Englische und die deutschen Wurzeln wurden ausgeblendet.

Proaktiv: Dieses dem englischen „proactive" nachempfundenen Beiwort dient deutschen Meistern der Business Administration neuerdings als Ausweis besonders aktiver Tätigkeit. Aktiv werden heißt: man tut etwas. Proaktiv werden heißt: man tut etwas ganz Besonderes, etwas, das nur Absolventen von Business Schools tun können: „Die Aareal-Bank geht proaktiv auf die BaFin zu," lesen wir in der *Welt*, und denken: Alle Achtung! In dieser Welt rastloser Proaktivisten können wir nur am Rande stehen und eingeschüchtert den markigen Worten lauschen: „Nur wenn die Produktpolitik stimmt und das Management proaktiv agiert, ist eine Outperformance zu erwarten."

Streng genommen heißt proaktiv: etwas von sich aus, aus eigenem Antrieb tun. Das heißt aber auch das herkömmliche aktiv – eben gerade im Gegensatz zu reaktiv. Bei proaktiven Waschmitteln oder proaktiven Babywindeln entspringt das pro der Absicht der Übertreibung, man leimt einem positiv besetzten Wort zur Steigerung ein zweites positiv besetztes an.

Operativ: Lange kam dieses Wort in Deutschland vor allem im Zusammenhang mit Blinddärmen vor (operative Eingriffe). In den Jahren Null bekommen diese operativen Eingriffe Gesellschaft: durch operative Herausforderungen, durch operative Geschäfte und durch operative Vizepräsidenten. Die Firma Merrill Lynch International zum Beispiel hat einen „operativen Vizepräsidenten", der aber nicht dem Werksarzt hilft, sondern dafür sorgt, dass die Operationen an den Börsen funktionieren. *„Aber seit wir wissen, dass auch operative Vizepräsidenten nur etwa so viele Gene haben wie die gewöhnliche Feldmaus und gerade mal doppelt so viele wie eine Fruchtfliege, wundert uns gar nichts mehr."* (Max Behland, *Financial Times Deutschland*, 19. Februar 2001)

Operativ heißt eigentlich nur, dass etwas gemacht wird oder gemacht werden muss. Das klingt allerdings nach Arbeit, am besten nach der Arbeit anderer. Deshalb ist „operativ" auch so beliebt.

Strukturell: Dieses modische Hohlwort (wenn es nicht in der naturwissenschaftlichen Bedeutung verwendet wird) soll einen Schein der Bedeutsamkeit erwecken. Unsere Gesellschaft sei „strukturell krank", sagt ein Soziologe. Soll das heißen: Schwer krank, todkrank, chronisch krank? Gemeint war wohl: Sie erzeugt sich ihre Krankheit selbst. Oder: Sie kann gar nicht anders, als krank zu sein. Aber da muss man erst raten.

Meistens sagt das Wort aber überhaupt nichts aus und könnte ohne Schaden weggelassen werden. Die Bundesregierung will zum Beispiel in der Finanzkrise strukturelle Defizite vermeiden. Ferner will sie ihre auswärtige Kulturpolitik nicht nur umkrempeln, sondern „inhaltlich und strukturell neu ausrichten". Und natürlich will sie auch die einschlägigen Projekte für „Migranten und Migrantinnen strukturell öffnen".

Die deutsche Wohnungswirtschaft sorgt sich derweil um „Modernisierungszwänge bei strukturell schwierigen Wohnungsbeständen" und Ministerpräsident Horst Seehofer haderte nach dem schlechten Abschneiden der CSU bei der Bundestagswahl 2009 mit „der strukturellen Niveauabsenkung" (*F.A.Z.*, 30. September 2009). Die Technische Universität Berlin will „ihren Standortfaktor strukturell erneuern". Die Tarifverhandlungen im öffentlichen Dienst sind „strukturell schwierig". Ausländer, Frauen und Behinderte werden „strukturell diskriminiert".

Das „strukturell-soziale Subsystem der gesundheitsfördernden Schule" wird als Problem gesehen.

Da ist es beruhigend, zu wissen, dass wenigstens unsere Bundeswehr noch „strukturell friedensfähig" ist.

Tiefgreifend: Wenn in der Politik heute noch von Reformen gesprochen wird (der Begriff hat ja an Strahlkraft deutlich verloren), dann immer in Verbindung mit „tiefgreifend". Tiefgreifende Reformen sind im modernen Bläh-Deutsch zu einem Automatismus geworden, so wie früher „kristallklares Wasser" oder „smaragdgrünes Meer". Die Bürger sind bereit zu tiefgreifenden Reformen im Gesundheitswesen. Die PISA-Studie fordert tiefgreifende Reformen in der Bildungspolitik. Die deutsche Wirtschaft erwartet von der Schwarz-Gelben Regierung tiefgreifende Reformen unseres Wirtschafts- und Sozialsystems. Die Bewältigung der Krise erfordert eine tiefgreifende Reform der Finanzbranche.

Dabei hatten doch schon die Vorgängerregierung und die Vorvorgängerregierung tiefgreifende Reformen des Gesundheitswesens (hier geben sich die Reformen quasi die Türklinke in die Hand), der Bildungspolitik und des Wirtschafts- und Sozialsystems beschlossen. Da hilft nur noch eine tiefergreifende oder noch besser: eine tiefstgreifende Reform.

wissenschaftlich erwiesen: Diese Wunderformel findet sich vor allem in der modernen Literatur zu Kornkreisen und Sphärenstrahlen. Auch in Büchern über Mondphasen oder Wünschelrutengehen ist sie oft zu finden, und wann immer wir von Außerirdischen lesen, die vor 10.000 Jahren Atlantis gegründet haben sollen, folgt der Hinweis, das sei wissenschaftlich erwiesen.

Echte Wissenschaftler dagegen betonen eher selten, dass irgend etwas wissenschaftlich erwiesen sei. Sie sind zufrieden, wenn sie Unfug als Unfug entlarven können. Wie die These, die Erde sei der Mittelpunkt des Universums. Oder dass Atome sich nicht spalten ließen, was noch vor weniger als 100 Jahren von Nobelpreisträger Ernest Rutherford mit großer Entschiedenheit vertreten wurde. Oder dass, wie Aristoteles verkündete, schwere Gegenstände schneller zur Erde fallen als leichte. Die endgültige Wahrheit bekommen Wissenschaftler nur selten zu fassen. Wenn also jemand zur Beschwörung Zuflucht nimmt, seine oder ihre Thesen seien wissenschaftlich erwiesen, liegt der Verdacht nahe, dass sich kein echter Wissenschaftler der Sache jemals angenommen hat.

Trotzdem beruhigt es uns natürlich, wenn wir lesen, es sei wissenschaftlich erwiesen, dass häufiges Küssen das Leben verlängert (*Bild*, 2. April 2004).

Zeitnah: Neuteutonisch für jede Zeitspanne zwischen „sofort" und „irgendwann". Zeitnah und zügig will etwa Niedersachsens Umweltminister Sander die Endlagerung radioaktiver Abfälle betreiben. Wann genau das gute Werk beginnen oder gar beendet werden soll, lässt er dabei wohlweislich offen. Genauso wenig finden wir Erleuchtung, wenn uns Bundesärztekammerpräsident Jörg Hoppe aufklärt, eine Patientenverfügung müsse „präzise, zeitnah und unter dem Eindruck der konkreten Situation abgefasst sein". Hoffentlich nicht zeitnah zum Exitus. Und wenn FDP-Generalsekretär Dirk Niebel seine Parteifreunde auffordert, sich „zeitnah zur Bundestagswahl ... zu möglichen Koalitionen [zu] äußern", so sind wir danach ebenfalls nicht sehr viel klüger als davor. Allenfalls könnte man ihm leicht die Daumen drücken. Denn ohne Koalitionsaussage ist die FDP bei verschiedenen Wahlen schon ortsnah an der 5-Prozent-Hürde vorbeigeschrammt.

Achtung Drama!

Da man sich an Adjektive schnell gewöhnt, erhöht der Schreiber gern die Dosis. Zu der inszenierten Dramatik der Krise passen Wortverbindungen wie:

- atemberaubende Abwärtsspirale
- beispielloser Einbruch
- desaströse Erfahrung
- deutlich geschrumpfter Auftragseingang
- dramatische Lage
- dramatischer Machtkampf
- dramatischer Niedergang
- dramatisches Scheitern der Haushaltspolitik
- dramatisch schlechte Umfragewerte
- drohende Deindustrialisierung
- drohende Verödung der Innenstädte
- durch hohe Abschreibungen verwüstete Bilanzen
- echte Weltwirtschaftskrise
- eklatantes Versagen
- enorm gebeutelte GM-Aktie
- erdrückende Schuldenlast
- erdrutschartiger Nachfrageeinbruch
- erschreckendes Ausmaß
- erhebliche Outputlücke
- exorbitante Gehaltssteigerungen
- explodierende Neuverschuldung
- extrem harter Schlag
- härtere Unterhaltungen

- heftiger Einbruch
- hochprofitable Konzerne
- hoch defizitäre Nobelherberge
- hochkomplexe Vertragsbeziehungen
- kräftiger Anstieg der Arbeitslosigkeit
- krisengeschüttelter Finanzsektor
- verstärkte Hoffnung
- vertiefende Gespräche

So landet man schnell bei der Maximaldosis – dem Superlativ – und allen möglichen „brutalstmöglichen" (Bastian Sick in Anspielung auf Roland Koch) Einschätzungen der Lage:

- allerschlimmste Rezession
- äußerst tiefer Einbruch
- drängendste Rechnungen
- dramatischste Prognosen
- historisches Tiefstergebnis (20,8 Prozent der Stimmen für die SPD bei der Europa-Wahl)
- in schwierigstem Umfeld
- schlimmste Rezession
- (die) schwerste Wirtschaftskrise seit Jahrzehnten
- schwerste Wirtschaftskrise seit 1959

Dieser Hang zur Steigerung gipfelt in Übertreibungen wie *äußerst tiefen Einbrüchen* statt tiefen Einbrüchen, *deutlich geschrumpften Auftragseingängen* statt geschrumpften Auftragseingängen, *dramatisch schlechten Umfragewerten* statt schlechten Umfragewerten oder *schlimmsten Rezession* statt Rezession. Warum so dick auftragen? Vor Übertreibungen ist auch deshalb zu warnen, weil sich Sprachdrechsler leicht in ihrem Formulierungseifer verheddern, wie im Fall der *härteren Unterhaltungen* oder der *vertiefenden Gesprächen*. Sind härtere Unterhaltungen der Gegensatz von weichen Unterhaltungen oder nur härter oder weicher als harte Unterhaltungen? Und was sind vertiefende Gespräche? Tiefere Gespräche oder will man mit ihnen etwas vertiefen?

Missbildungen

In den Berichten zur Krise schwimmen noch andere Missbildungen, wie die *hoch abstrakten Modelle,* die *bedeutende zentrale Rolle,* der *große Universalkatalog,* die *positiven Wachstumsraten,* der *zentrale Eckpfeiler,* die *unverbindliche Absichtserklärung* oder die *neuerliche Verschärfung.* Sind Modelle nicht schon etwas Abstraktes, und die *bedeutende zentrale Rolle* auch mit einem Adjektiv weniger bedeutend genug? Und Universalkataloge sind auch ohne Adjektiv groß, Wachstumsraten immer positiv, Absichtserklärungen unverbindlich[40] sowie Verschärfungen in aller Regel nicht im Mittelalter eingetreten. Hierher gehört auch die *„konjunkturelle Abwärtsentwicklung der Wirtschaftsleistung",* denn das Wort Konjunktur wurde ja geradezu erschaffen, um das Auf und Ab der Wirtschaftsleistung zu beschreiben.

Zu den unbedingt zu vermeidenden Adjektiven zählt Wolf Schneider auch diejenigen, die schlecht oder falsch ein Substantiv vertreten[41]. Das sind Formulierungen wie *konjunkturpolitisches Gift, geldpolitischer Impuls, wettbewerbliche Einschätzung, medizinische Meilensteine, volkswirtschaftliche Kosten, steuerpolitische Verzagtheit, politische Empfindsamkeiten, politökonomische Sicht* und *ökonomische Bildung.* So ist die Konjunkturpolitik keine Eigenschaft des Giftes, gemeint ist vielmehr, etwas schade der Konjunkturpolitik und sei in diesem Sinne Gift. Genauso drücken auch die anderen Eigenschaftswörter in den obigen Beispielen keine Eigenschaft des nachfolgenden Hauptwortes aus. Der geldpolitische Impuls dient nicht zur Unterscheidung von einem irgendwie gearteten anderen Impuls, er ist ein Impuls für die Geldpolitik. Ebenso hat die wettbewerbliche Einschätzung nicht die Eigenschaft, wettbewerblich zu sein, und Kosten können nicht die Eigenschaft „volkswirtschaftlich", Meilensteine nicht die Eigenschaft „medizinisch" und Empfindsamkeiten nicht die Eigenschaft „politisch" annehmen. Und ist nicht die im Krisenjahr so oft geforderte *ökonomische Bildung* in dem schlichten – allseits zu verstehenden – Wort *Wirtschaftskenntnisse* bestens aufgehoben?

Und dann gibt es noch die verkorksten Konstruktionen, die entstehen, wenn Adjektive und Substantive willkürlich zusammengeleimt werden. Zur Gattung dieser schräg klingenden Geschöpfe gehören *die fahrlässigen Debatten, das glaubwürdige Stoppschild, die scharfkantige Wirtschaftskrise, die dringenden Schritte, die ungewissen Konzepte, die heftigen Mittelabflüsse* oder *die echte Wirtschaftskrise. Fahrläss*ig können Menschen handeln, aber nicht Debatten. Genauso schief ist das Bild vom *glaubwürdigen Stoppschild* für weitere Staatshilfen in der Realwirt-

---

[40] In der Regel. Früher ging das Auflösen einer Verlobung mit gewissen Unannehmlichkeiten einher.
[41] Schneider 2001, S. 44.

schaft. Wie mag wohl erst ein unglaubwürdiges Stoppschild aussehen? Auch das Bild von der „*scharfkantigen Wirtschaftskrise*", eine Erfindung des ehemaligen Bundesfinanzministers Peer Steinbrück, lädt dazu ein, sich die Krise einmal mit allen ihren Ecken und Kanten vorzustellen. Und was, bitte schön, ist ein *ungewisses Konzept*? Wir ahnen zwar, dass ein Konzept, so zum Beispiel das von Magna zur Opel-„Rettung", den Menschen eine ungewisse Zukunft bescheren kann. Aber würden wir das unzureichende Konzept deshalb gleich als *ungewisses Konzept* bezeichnen? Auch die *heftigen Mittelabflüsse* laden zum Widerspruch ein. Können Mittelabflüsse tatsächlich heftig sein oder ist heftig nicht ein Adjektiv, das seine volle Kraft vor allem in Verbindung mit Gefühlen oder Naturgewalten entfalten kann? Und wenn man uns von einer echten Weltwirtschaftskrise erzählt, stellt sich da nicht unwillkürlich die Frage, wie eine unechte Weltwirtschaftskrise aussieht?

Die Journalistenausbilderin Verena Hruska beklagt in ihrem Buch „Die Zeitungsnachricht", dass Journalisten sich kaum noch dagegen wehren, dass Adverbien nicht als Attribute, sondern wie echte Adjektive in die Lücke vor den Substantiven gequetscht werden, obwohl sie da gar nicht hingehören.[42] Wer sich in aktuellen Zeitungen umschaut, findet zahlreiche Verwechslungen dieser Art. Stolpern konnte man im Geleit der Krisenberichterstattung über die *kürzliche* Entscheidung, den *eventuellen* Rückzug, das *beinahe* Scheitern, die *dauerhafte* Erholung, die *kräftige* Erholung, die *schleppende* Erholung, die *fortgesetzten* Schwierigkeiten, den *merklichen* Rückgang der *Bilanzsumme*, den *teilweisen* Lohnverzicht und die *seitherigen* Abschreibungen. Wenn eine Entscheidung in Kürze gefällt wird, liegt noch lange keine *kürzliche* Entscheidung vor und auch ein Rückzug, der eventuell zu erwarten ist, ist kein *eventueller* Rückzug. Eine Erholung kann kräftig verlaufen, schleppend oder von Dauer sein, aber sobald sie zur *schleppenden* Erholung wird, tut sie in den Ohren weh (zumindest in den Ohren derer, die ihr Sprachgefühl noch nicht komplett verloren haben). Ebenso kann man sich fortgesetzt in Schwierigkeiten befinden oder teilweise auf seinen Lohn verzichten, aber nicht *teilweisen* Lohnverzicht leisten. Auch der *merkliche* Rückgang der Bilanzsumme und die *seitherigen* Abschreibungen sind Wortquark. Eine Bilanzsumme kann merklich zurückgehen und Abschreibungen können von einem bestimmten Zeitpunkt an vorgenommen werden, was dazu führt, dass man seither Abschreibungen vornimmt, diese aber besser nicht *seitherig* nennt.

Unabhängig von Grammatik und Logik gibt es also im Deutschen unzählige Möglichkeiten, überflüssige Adjektive zu erschaffen und damit neutrale Substantive aufzuplustern. Anders als in Papua-Neuginea, wo die Sprache nur fünf (!) Eigenschaftswörter (andere, groß, klein, gut und schlecht) bereithält,[43] sind deutsch-

---

[42] Hruska 1999, S. 118.
[43] http://www.welt.de/vermischtes/wortgefecht/article2831951/Warum-Adjektive-oft-richtig-super-ueberfluessig-sind.html.

sprachige Journalisten und Schreiber der Adjektivitis schutzlos ausgeliefert und damit auch dem Risiko, Unsinn zu produzieren, aus Schein Sein zu machen, einseitige Argumentationsketten zu planieren und zum Überdruss des Lesers vom Wesentlichen abzulenken.

9 Alles klar, oder was?

> „Der Weg zum genauen Ausdruck geht über die genaue Beobachtung, der Weg zur genauen Beobachtung geht über geschulte Sinne."
>
> *Ludwig Reiners*[44]

Die Krise produziert Verlierer und Gewinner. Ein Gewinner ist das schlichte Wörtchen „klar", das paradoxerweise eher einiges verklärt als klärt. Dieses Vernebelungspotential zeigt sich etwa in einem Sommerinterview mit der Bundeskanzlerin in der *Frankfurter Allgemeinen Zeitung* vom 21. August 2009. Titel: „Wir wollen klare Verhältnisse". Im Text geht es aber weniger um Inhalte, als um die Frage, wer nach Einschätzung von Angela Merkel Deutschland am schnellsten aus der Krise führen kann. Klar doch, dass die Medienkanzlerin das exklusive Forum prompt zur Werbung nutzt und klar sagt, dass die Wähler ihre Stimmen der Union schenken sollen. Aber diese Wahlwerbung wird nicht mit Fakten und Konzepten unterlegt, vielmehr droht die Kanzlerin – weder klar noch glaubwürdig – „mit unklaren Verhältnissen". Vor allem dann, wenn wir unklare Verhältnisse mit Schwarz-Rot übersetzen, stellt sich die Frage, warum die Kanzlerin das Damoklesschwert der „unklaren Verhältnisse" überhaupt heraufbeschwört:

> Ich sage klar, dass es darum geht, die Union so stark wie irgend möglich zu machen, damit es keine unklaren Verhältnisse in Deutschland gibt.
> (*Frankfurter Allgemeine Zeitung*, 21. August 2009)

Hatten sich Merkel und Steinbrück nicht noch wenige Tage vorher im HRE-Untersuchungsausschuss wechselseitig beschieden, in der Krise gemeinsam „einen anständigen Job" gemacht zu haben?

Dem Interview fehlt Biss und Schneid: Weder wird die Kanzlerin gedrängt, zu wichtigen Fragen Stellung zu beziehen, noch muss sie verraten, was aus ihrer Sicht getan werden muss, damit die Finanzjongleure nicht so weitermachen können wie bisher. Stattdessen darf sie, von kritischen Fragen unbehelligt, für sich und ihre klaren Verhältnisse Reklame machen: „Die sicherste Stimme für klare Verhältnisse in Deutschland ist eine Stimme für die Union und die Bundeskanzlerin."

Wer nur hartnäckig genug auftritt und etwas oft genug sagt, wird mit Hilfe des Wortes „klar" gerne auf ein Macher-Podest gehoben, wie Ex-Arcandor-Vor-

---

[44] Reiners 2004, S. 65.

standschef Christian Eick, der vor seinen Mitarbeitern auf eine Leiter stieg und verkündete, dass er für den Erhalt des insolventen Warenhauses kämpfen würde:

> *Eick machte klar,* dass er an den drei Säulen – Warenhaus mit Karstadt, Versandhandel mit Primondo und Touristik mit Thomas Cook – festhalten wolle: „Mir geht es um den Erhalt des Konzerns als Ganzes."
> (*Neue Osnabrücker Zeitung*, 10. Juni 2009)

Das unterscheidet Macher von normalen Sterblichen: Die Helden der Moderne „sagen" nicht nur etwas, sie „machen etwas klar". Der Autor der obigen Zeilen hatte wohl übersehen, dass der Ex-Arcandor-Chef diese Aussage traf, nachdem die Insolvenzverwalter in seinen Warenhäusern die Führung übernommen hatten. Bereits zwei Monate später machten diese der Öffentlichkeit dann tatsächlich klar, dass die hehren Macher-Worte Schall und Rauch waren und es den „Arcandor"-Managern „*erstaunlich lange gelungen war, den Staub aus den Ecken zu kehren und den auch noch zu Liquidität zu machen*". (*Süddeutsche Zeitung*, 16. August 2009)

Wie Ex-Arcandor-Chef Eick schmückt Wirtschaftsminister Theodor von und zu Guttenberg seine Taten ebenfalls gern mit Beiworten, die ihn dynamischer erscheinen lassen: Er führt nicht einfach Gespräche weiter, sondern begrüßt es, wenn sie klar und deutlich weiter geführt werden:

> Wirtschaftsminister zu Guttenberg (CSU) drang auf eine privatwirtschaftliche Lösung. Arcandor und Metro sollten ihre Gespräche über eine Fusion von Karstadt und Kaufhof *‚klar und deutlich' weiter führen.*
> (*Frankfurter Allgemeine Zeitung*, 9. Juni 2009)

So wird ein ganz normaler Sachverhalt rhetorisch aufgebauscht. Und wie das nächste Beispiel zeigt, kann nicht nur Menschen, sondern auch Konzepten eine herausragende aktive Stellung zugeordnet werden:

> Das Konzept *muss klarmachen,* dass die Opel-Standorte in Europa, die erhalten werden sollen, *dadurch* langfristig gesichert sind.
> (Bundeswirtschaftsminister Karl-Theodor zu Guttenberg in der *Westfalenpost/Iserlohner Kreisanzeiger,* 4. Mai 2009)

In Wahrheit erzeugt aber eine mit „klar" verstärkte Aussage eher Zweifel an ihrer Glaubwürdigkeit. Zum Zeitpunkt jedenfalls, als der Präsident der Europäischen Zentralbank, Jean-Claude Trichet, ankündigte, dass es eine „klare Exit-Strategie" gebe, hieß das so viel wie „wir haben uns bereits Gedanken gemacht, wie wir aus dem Schlamassel wieder rauskommen können". Für ein wirklich ausgefeiltes

Alles klar, oder was?

Ausstiegs-Programm hätte Trichet eine weniger oberflächliche Umschreibung gefunden und auch erste Details genannt.

> Es gebe eine ‚klare Exit-Strategie', um nach der Krise die in den Markt gepumpte Liquidität wieder abzuziehen.
> (*Frankfurter Allgemeine Zeitung*, 5. Juni 2009)

Und auch im nächsten Beispiel ist die Formulierung „ist klar" unglücklich gewählt.

> Auch auf US-Seite *ist klar*, dass die Unterstützung der Bundesregierung für den künftigen Opel-Partner unerlässlich ist. Schließlich *muss* Berlin wohl Bürgschaften in Milliardenhöhe bereitstellen, um das Überleben von Opel zu sichern.
> (*Westfalenpost/Iserlohner Kreisanzeiger*, 27. Mai 2009)

Denn auch hier herrscht alles andere als Klarheit. Stattdessen wirbt man indirekt für die Sichtweise der USA. Besser wäre es gewesen, diese deutlich herauszuarbeiten und zu schreiben, dass die USA allem Anschein nach davon ausgehen, dass die Bundesregierung Opel retten und Bürgschaften stellen will, ohne die wohl kein Investor bei Opel einsteigen würde. Mit den hier gewählten Worten wird aus einem „kann" aber ein „muss".

Auch in unserem letzten Beispiel macht das Wörtchen „klar" keine gute Figur:

> „Wir hätten ohne die Hilfe des Staates unsere Finanzierung *nicht klarbekommen*", räumte Schreier ein.
> (*Neue Osnabrücker Zeitung*, 10. Juni 2009)

Auch hier hätten andere Wörter bessere Dienste geleistet. So ist anzunehmen, dass Bernhard Schreier, der Vorstandschef des Maschinenbauers Heidelberger Druck, der gerade eine Staatsbürgschaft in Höhe von 495 Millionen Euro erhalten hatte, wohl eher hatte sagen wollen: „Ohne den Staat hätten wir die Finanzierung nicht hinbekommen" oder „aus eigener Kraft hätten wir das nicht geschafft". Angesichts der positiven Ausstrahlung des Wortes „klar" ist allerdings davon auszugehen, dass es künftig noch häufiger immer dann zu finden sein wird, wenn alltägliche Situationen heller, lauter, reiner, glänzender, schöner und deutlicher leuchten sollen, unabhängig davon, ob es tatsächlich zutrifft oder nicht.

10 Vermeidbare Merkwürdigkeiten

> „Judas mag käuflich gewesen sein, doch das ist Geschichte. Die Verräter von heute sind kaufbar!"
>
> *Bastian Sick*[45]

Spürbar? Merkbar? Sonderbar? – zugenommen in jüngerer deutscher Rede und Schreibe hat die Endsilbe -bar. Besonders gerne benutzen sie Personen, die sich zu Höherem berufen fühlen. Speziell im Politikerjargon ist das Suffix -bar seit der Krise jedenfalls kaum mehr wegzudenken alias wegdenkbar. So lässt sich auch kleinen Dingen großes Gewicht verleihen oder, umgekehrt, Bedenkliches als harmlos darstellen, je nach Gusto. Entlastet wird so beispielsweise die Bank, deren Finanzierungszusage nichts wert war, weil sie sich „als nicht belastbar herausgestellt hat".

> Die Finanzierungszusage einer schweizerischen Bank habe sich ‚als nicht *belastbar* herausgestellt'.
> (*Neue Osnabrücker Zeitung*, 11. Juni 2009)

Aufgeblasen dagegen wird hier ein Fall, wo ein Unternehmen rettungslos verloren scheint, bis der Retter das Unschaffbare leistet und so in den Augen der Leser als echter Held dasteht:

> Dann übernahm er jenen Teil der Plaste&Elaste-Produktion, der *unrettbar* schien, und macht aus ihm sein gewinnbringendes Unternehmen.
> (*DIE ZEIT*, 10. Juni 2009)

Auch Genossen lieben -bar:

> Die SDP hält angesichts der Haushaltsmisere neue Ausfälle nicht für verkraftbar.
> (*Frankfurter Allgemeine Zeitung*, 30. Juni 2009)

Früher hätte man als große Volkspartei an das „Wir-Gefühl" der Leser appelliert und gesagt: „Neue Ausfälle können wir nicht verkraften". Und wo einst schlicht danach gefragt wurde, wer für den Schlamassel verantwortlich sei, wird heute nach dem Verantwortbaren gesucht:

---

[45] Sick 2009, S. 90.

Steinbrück betonte, Quelle müsse erst ausreichend Sicherheiten nachweisen und die KfW vorrangig abgesichert werden. Sonst sei Unterstützung „*nicht verantwortbar.*"
(*Financial Times Deutschland*, 26. Juni 2009)

Wer dann das nicht Verantwortbare vielleicht doch verantworten soll/muss/darf, bleibt dabei offen. Immerhin war aber den Wirtschaftsjournalisten der *Financial Times Deutschland* dieses Wort suspekt genug, um es in Anführungsstriche zu setzen. Trotzdem wird man es demnächst im Duden finden, so oft wird diese Täterschutzvokabel neuerdings gebraucht:

Der Bund der Steuerzahler kritisierte die Höhe der Nettoneuverschuldung als „*unverantwortbar.*"
(*Neue Osnabrücker Zeitung*, 24. Juni 2009)

Das Risiko schätzte Koch als *verantwortbar* ein.
(*Die Welt*, 11. September 2009 zur Übernahme von Opel durch den Zulieferer Magna)

Die bayerische Regierung habe alle Fakten studiert und den Kredit für *verantwortbar* gehalten.
(*Die Welt* vom 11. Juli 2009 zur Affäre HRE)

Verantwortbar ist das vor nachfolgenden Generationen nicht. Die haben nämlich nur Schulden und wenig Nutzen.
(Grünen-Fraktionschefin Renate Künast laut *Süddeutscher Zeitung* vom 13. Januar 2009)

Lästig sind diese Bar-Wörter auch deshalb, weil sie den Lesefluss erschweren. So wie bei den *nicht handelbaren* Wertpapieren, mit denen sich kein Handel treiben lässt, oder den *vernachlässigbaren* Größen, die wir getrost vernachlässigen können, oder all den Entscheidungen, die nicht *vermittelbar* sind und die wir immer dann antreffen, wenn Politiker nicht wissen, wie sie das Wahlvolk mit unangenehmen Wahrheiten konfrontieren sollen. Werden aber die Akteure ausgeklammert, muss man sie sich dazu denken, und das kostet Zeit.

11 Von wegen Transparenz

„Der wesentliche Vorzug der Kreise liegt in ihrer formlosen Beschaffenheit. Sie sind wie Nebel gestaltlos, transluzent unangreifbar und damit auch unwiderlegbar. Kreise sind praktisch, das lässt sich nicht leugnen."

Bastian Sick

Sorgfalt bei der Recherche ist ein journalistisches Gebot, aber von Lesern nur schwer einzuschätzen. Das liegt nicht zuletzt auch an den „Kreisen", die immer größere Kreise ziehen und immer unbestimmter werden. Hier treffen der seriöse Wirtschaftsteil und die bunten Nachrichten aus aller Welt zusammen: Immer dann, wenn Ross und Reiter nicht genannt werden wollen, also wenn geklatscht, getratscht, intrigiert, spekuliert und auch manipuliert wird, müssen die Kreise herhalten, so dass niemand die Verantwortung für das Gesagte übernehmen muss.

> Wie die Wirtschaftsnachrichtenagentur Dow Jones Newswires unter Berufung auf *gut informierte Kreise* mitteilte, sprach sich das GM-Management zunächst für die Offerte des österreichisch-kanadischen Autozulieferers Magna aus.
> (*Die Welt*, 22. September 2009)

> Als möglich gilt laut Konzernkreisen eine Kapitalbeteiligung von zehn oder 20 Prozent.
> (*Süddeutsche Zeitung*, 15. September 2009 zu einer möglichen Beteiligung von VW beim japanischen Autobauer Suzuki)

> Kreisen zufolge traf sich Cordes auch mit Spitzenvertretern des Wirtschaftsministeriums.
> (*Westfalenpost/Iserlohner Kreisanzeiger*, 5. Juni 2009)

> Kreisen zufolge soll der Porsche-Aufsichtsrat zudem über eine Kapitalerhöhung um bis zu 5 Milliarden Euro entscheiden.
> (*Westfalenpost/Iserlohner Kreisanzeiger*, 8. Mai 2009)

Leider ist ein Verweis auf irgendeinen Kreis kein Nachweis oder gar Beweis dafür, dass hier gründlich und ordentlich recherchiert worden ist. Denn Recherchieren heißt, eine Sache verfolgen und erforschen. Selbst seriöse Quellen verlieren dabei an Glaubwürdigkeit, wenn sie unnötig im Dunklen bleiben. Schließlich hat der Leser ein Recht zu wissen, welchen Wert die Quelle hat und damit auch die Nachricht selbst. Deshalb klingen auch Hinweise wie *„internen Angaben zufolge"* wenig überzeugend. Vor allem bei Boulevardthemen wird so die seriöse Berichterstattung mit Hilfe immer unspezifischerer Kreise schnell überschritten:

> In *nicht unprominenten* Kreisen der großen Koalition hatten sie schon im vergangenen Herbst über Gerüchte gefeixt, Seehofer sei wieder mit Fröhlich zusammen.
> (*Frankfurter Rundschau*, 13. Juni 2009)

Hier wird aus Gefeixe eine Nachricht. Und auch der Verweis auf *nicht unprominente Kreise der großen Koalition* macht den Tratsch über Ministerpräsident Horst Seehofers angebliches Verhältnis nicht glaubwürdiger. Was bitte schön sind *nicht unprominente Kreise* der großen Koalition? Sind sie nun prominent oder nicht? Und was haben sie überhaupt in einer Qualitätszeitung wie der *Frankfurter Rundschau* zu suchen?

Besonders wichtig wird die Quelle, und darum umso ärgerlicher ihre Anonymität, wenn nicht nur Fakten weitergegeben, sondern „Signale gedeutet" werden. Als ob die zwischenmenschliche Kommunikation via Sprache nicht schon genug Missverständnisse erzeugen würde:

> Der Sprecher Ottmar Hermanns will sich dazu zwar noch nicht äußern. *Aber die Signale aus Firmenkreisen* deuten darauf hin, dass die Gekündigten auf eine Transfergesellschaft ab dem 1. Juli hoffen können – zumindest auf eine abgespeckte Version mit einer Laufzeit von sechs Monaten.
> (*Neue Osnabrücker Zeitung*, 16. Juni 2009)

Bei manchen Kreisen stellt sich auch die Frage, warum die Journalisten sich auf Unternehmenskreise, Wirtschaftskreise, Verhandlungskreise oder Finanzkreise berufen, statt den direkten Weg zu gehen und offiziell zu fragen, was das Unternehmen X oder das Ministerium Y zur Sache zu sagen hat. Schließlich ist das ihr gutes Recht und zumindest die Behörden hätten auch darauf zu antworten. Warum beruft sich die *Süddeutsche Zeitung* im folgenden Fall auf Kreise der hannoverschen Landesregierung, statt eine offizielle Auskunft einzuholen:

> *Aus Kreisen der hannoverschen Landesregierung*, die mit 20 Prozent an VW beteiligt ist, heißt es, Katar werde ‚als Investor bei VW uneingeschränkt begrüßt'.
> (*Süddeutsche Zeitung*, 26. Juni 2009)

Verdächtig sind auch Quellen, die den Eindruck vermitteln, hier hätten Detektive und nicht Journalisten ermittelt. Wenn wir erfahren, was „*eine mit den Verhandlungen vertraute Person*" (*Financial Times Deutschland*, 24. Juni 2009), „*eine mit den Vorgängen vertraute Person*" (*Süddeutsche Zeitung*, 20. Juni 2009) oder „*eine mit den Überlegungen vertraute Person*" (*Financial Times Deutschland*, 25. August 2009) aus dem inneren Zirkel der Macht berichten, so können wir das glauben oder auch nicht. Genauso auch ist die Seriosität von nicht näher vorgestellten „*Beobachtern*" und „*Medienberichten*" für Außenstehende schwer zu beurteilen:

> *Beobachter halten eine Zusammenarbeit* mit Suzuki für sinnvoll.
> *(Financial Times Deutschland*, 26. Juni 2009)

> Zeitungsberichten zufolge stehen schon Interessenten wie Hedgefonds und Einzelpersonen für eine Beteiligung bereit.
> (*Neue Osnabrücker Zeitung*, 18. Juni 2009)

Warum nicht einfach die Beobachter und die Medien benennen? Oder im folgenden Beispiel die konkreten Volkswirte, um die es in der Nachricht geht:

> Zu einer Umfrage: Von einer Finanznachrichtenagentur befragte Volkswirte hatten für Mai mit einem Orderplus von lediglich 0,8 Prozent gerechnet.
> (*Neue Osnabrücker Zeitung*, 8. Juli 2009)

Der Informationswert dieser Aussagen ist nahe Null. Je diffuser die Quelle, desto weniger Kredit. Wer einen Gegenstand wirklich gründlich und ernsthaft erforscht hat, kann und wird in der Regel auch seine Quellen näher bestimmen und damit seine Meldung nachvollziehbar machen. In der Wissenschaft ist das jedenfalls gang und gebe und als „intersubjektive Überprüfbarkeit" bekannt.

12 Fremdwörter und Jargon

> „Deshalb sollte ein wesentlicher Gesichtspunkt für den Gebrauch jedes Fremdwortes sein, ob es unersetzbar ist, weil es eine wirkliche Lücke ausfüllt. Es wird sich dann herausstellen, daß die Verteidigung von Fremdwörtern oft nur die Verteidigung der Bequemlichkeit ist, die wir uns nicht erlauben sollten."
>
> *Gustav Heinemann (1899–1976)*

Eine Anleitung zum „Desk-Top-Publishing" lässt uns wissen, dass „beim Software-Engineering das Human Interface" beachtet werden muss (vermutlich zur „stress-reduction in the workplace" oder etwas ähnlichem). Solch ein Jargon ist ärgerlich, er vermittelt nicht, sondern grenzt ab: Der Experte bin ich, und ihr anderen hört jetzt alle einmal zu. Der Jargonist will nicht vermitteln, sondern predigen, nicht erläutern, sondern blenden, nicht anderen etwas mitteilen, sondern sich selbst in Szene setzen. Mit anderen Worten: Er ist das Gegenteil eines guten Journalisten.

Am besten richtet man sich hier nach dem Duden-Fremdwörterbuch:

> Ein Fremdwort kann dann nötig sein, wenn es mit deutschen Wörtern nur umständlich oder unvollkommen umschrieben werden kann. Sein Gebrauch ist auch dann gerechtfertigt, wenn man einen graduellen inhaltlichen Unterschied ausdrücken, die Aussage stilistisch variieren oder den Satzbau straffen will. Es sollte überall da vermieden werden, wo Gefahr besteht, dass es der Leser oder Hörer, an den es gerichtet ist, nicht oder nur unvollkommen versteht, wo also Verständnis und Verstehen erschwert werden. Abzulehnen ist der Fremdwortgebrauch da, wo er nur zur Erhöhung des eigenen sozialen bzw. intellektuellen Ansehens oder zur Manipulation anderer angewendet wird.

Das gilt für Fachchinesisch in gleicher Weise. Was dabei nun Jargon und übertriebener Fremdwortgebrauch ist und was nicht, verändert sich natürlich im Laufe der Zeit. EDV-Begriffe wie Computer, Hardware, Software oder online sind heute fast schon eingedeutscht (obwohl wahre Experten nicht Computer, sondern Rechner sagen, und die „Aktion lebendiges Deutsch" für „online" „am Netz" vorgeschlagen hat). Andere Ausdrücke dagegen wie „Screen-Dump" (Bildschirmausdruck), „Error Message" (Fehlermeldung), „Hard Disc" (Festplatte), „Utility" (Hilfsprogramm) oder „Source-Code" (Quellprogramm) sollte man in einer deutschsprachigen Zeitung besser meiden. Die folgende Liste fasst weitere besonders ärgerliche Imponier-Anglizismen und Fachvokabeln zusammen, die uns während der Krise in die Quere gekommen sind:[46]

Action plan: Ein neues Lieblingswort von Peer Steinbrück. „Wir haben uns in Washington auf einen Action plan verständigt." (*Tagesschau*, 23. September 2009)

Assets: Vermögenswerte, Aktiva.

Basel II: Diese nur für Eingeweihte verständliche Zauber- und Beschwörungsformel dient hierzulande erstens als Passwort der wirtschaftlich Bessergestellten und zweitens als moderner Knecht Ruprecht für ungezogene mittelständische Wirtschaftsbosse: „Warte nur, wenn du nicht brav bist, kommt Basel II!"
Denn nach einer Übereinkunft der Baseler Bank für internationalen Zahlungsausgleich sollen für Kredite, die von Ausfall bedroht sind, in Zukunft höhere Zinsen anfallen als für Kredite an Personen oder Firmen, die voraussichtlich das geliehene Geld auch wieder zurückzahlen werden.
Dass die Banken dafür gescholten werden, liegt vor allem an der unvorteilhaften Verpackung. Nur Amateure sagen: Unsichere Kantonisten zahlen mehr. Die Wahrheit ist doch: Solvente Kunden zahlen weniger. Das kommt aber erst mit Basel III.

Brückenfinanzierung: Wenn kurzfristige Kredite dazu dienen, Transaktionen zu ermöglichen.

Cash-Pooling: Beim Cash-Pooling leiten Tochterunternehmen ihre Überschüsse an die Mutter weiter, die wiederum das eingesammelte Geld im Unternehmen verteilt, wo es gerade gebraucht wird.

Chinese Walls: Diese „chinesischen Mauern" gibt es angeblich in Beraterfirmen, die in zwei verschiedenen Abteilungen ein und dasselbe Thema bearbeiten. Wenn also die zweitgrößte Wirtschaftskanzlei der Welt, Linklaters, im Auftrag des Wirtschaftsministers ein Gesetz zur Ergänzung des Kreditwesengesetzes entwirft, und gleichzeitig die Banken berät, schützen – so die Theorie – besagt *Chinese Walls* die Berater in den verschiedenen Abteilungen vor einem Austausch der Informationen und vermeiden so Interessenkollisionen. Dieses Konstrukt gibt es übrigens seit dem Börsenkrach 1929. Ob die unsichtbaren Mauern allerdings wirklich schützen, ist wohl eher eine Glaubensfrage.

---

[46] Siehe dazu auch G. Junker u. a. (2009): Anglizismen-Index.

Corporate Governance: Regelwerk für gute Führung (einschließlich ethischer Richtlinien). Segelt aber in Deutschland nur unter englischsprachiger US-Flagge wie seine Geschwister der C-Klasse, die da heißen Corporate Design oder Corporate Identity (und auf die einheitliche Außendarstellung eines Unternehmens anspielen).

Corporate Citzenship: Gemeint ist eine „sozialverträgliche Unternehmensführung" oder eine „Unternehmensbürgerschaft", also etwas, was in Deutschland seit Jahrhunderten Tradition hat. Der einzige Unterschied: damals verstand man das auch.

Deal-Breaker: Hat nichts mit dem in den 70er Jahren entwickelten Tanzstil Breakdance zu tun. Ein „Deal-Break" ist ein strittiger Punkt in Verhandlungen, der in den 70er Jahren sicherlich auch in Wirtschaftskreisen schlicht und einfach ein Streitpunkt gewesen wäre.

Debt to Equity Swap (DES): Taucht meistens völlig unvermittelt in Wirtschaftstexten auf und meint die Umwandlung von Schulden in Eigenkapital.

Deleveraging: Banken, deren Eigenkapital durch Abschreibungen in der Krise zu gering geworden ist, vergeben weniger Kredite.[47] Leveraging dagegen bedeutet die Wirkungserhöhung von Investitionen durch die Aufnahme von Fremdkapital. Leveragen tut man heute allerdings nicht nur eigene Finanzmittel, sondern alles, was man durch eine Hebelwirkung im übertragenen Sinne (leverage, englisch = Hebel) verstärken will. „Wir müssen den gesellschaftlichen Impact unserer Projekte durch Eigenverantwortung der Betroffenen leveragen."

equal pay: Bedeutet nicht etwa „bitte gleich bezahlen", sondern: „Gleiches Geld für gleiche Arbeit." Aber das war wohl zu direkt. Deshalb wurde die Forderung so verpackt, dass sie nur von 30 Prozent des Publikums verstanden wird.

Deinvestieren: Statt klar zu sagen, dass Investitionsgelder von einem Standort abgezogen werden, spricht moderne Unternehmenskommunikation lieber von deinvestieren. Da bleibt noch etwas von der positiven Bedeutung der Investition hängen, weil nicht jeder das Latinum hat und weiß, dass die Endung „de" mit „von, weg" zu übersetzen ist.

---

[47] F.A.Z., 25. Juni 2009.

Exit, exitorientiert, Exit-Strategie: Der Exit ist eines der Zauberwörter des modernen Managements. Wer von Exit spricht, beweist, dass er jederzeit bereit ist, ein Geschäftsfeld zu verlassen, wenn es sich nicht rechnet. Keine übertriebene Anhänglichkeit, lautet die Devise. Der Exit-Stratege gibt sich streng sachbezogen und hat angeblich immer das Gesamtinteresse des Unternehmens im Blick. Bisweilen entwickelt er eine sich verselbstständigende Begeisterung für den Exit überhaupt. Daraus baut er dann gern Exit-Strategien. Sein Ziel ist die Begrenzung und Beschränkung der Geschäftsfelder. Das Gegenbeispiel erfolgreicher Mischkonzerne bringt ihn nicht von seinem Kurs ab. Dabei vergisst er, wie nahe Exit und Exitus beieinander liegen: Denn schon so manche Exit-Strategie hat unversehens den Exitus des ganzen Unternehmens mit sich gebracht.

Exitorientiert sind auch Presseberichte über Unternehmen, die kurz vor der Pleite stehen; einschlägige Sammlungen sind im Internet zu besichtigen. *„Unter der Adresse ‚BooCompany.com' findet der interessierte User ab sofort nicht nur das komplette Archiv aller bisherigen Meldungen, sondern auch die Pressemitteilung zum Neustart,"* schreibt der Berliner *Tagespiegel*. Und mit einer Exit-Strategie ist seit Beginn der Krise die Rückkehr zur Normalität oder zum alten Zustand gemeint: *„Die neue Regierung wird sich eine ‚Exit-Strategie' überlegen müssen, also planen, wie man wann auf einen Konsolidierungskurs zurückkehrt."* (*Die Welt*, 13. Juli 2009)

Factoring-Verträge: Wenn beispielsweise Warenhäuser die Kredite ihrer vielen Ratenzahler, an Banken weiter verkaufen, um wieder liquide zu sein.

Fed: Abkürzung für die amerikanische Notenbank Federal Reserve Board.

Finanzarchitektur: Die G 20 will die Finanzbranche global neu regulieren und bezeichnet dieses Vorhaben großspurig als Finanzarchitektur.

Funemployment: „Funemployment heißt, das Beste aus seiner Arbeitslosigkeit zu machen." (*FTD*, 26. Juni 2009) Nicht zu verwechseln mit Krisengewinnern.

hard facts: Jetzt müssten, liest man in der Presse über einen knapp am Konkurs vorbeigeschrammten Autobauer, „die hard-facts folgen – in Gestalt weiterer Modelle." Wie aber unterscheiden sich *hard facts* von *harten Fakten*? Etwa so wie *soft skills* von der *guten alten deutschen Bildung*? Dann wären allerdings die harten Fakten ebenso wie die Bildung vorzuziehen.

Was hard facts und soft skills unterscheidet, erläutert uns die *Welt*: „Unter den Rahmenbedingungen, die ein eher negatives und restriktives Investitionsklima erzeugen, sind der Verstand und die hard facts wesentlich mehr gefordert als die soft skills."

Hold-Back: Rückstellung für Zahlungsausfälle. Anzutreffen im Versandhandel. So sind zum Beispiel bei Quelle etwa zwei Drittel der Kunden Ratenzahler. Weil dem Händler das Geld fehlt, leiht er sich das Geld bei einer Bank, die das Geld vorstreckt und dafür eine Provision kassiert.

Globale Minderausgaben: Pauschale Kürzungen im Etat der Bundesregierung, ohne dass klar ist, wo und wie das geschehen soll.

Insolvenzplanverfahren: Ein Modell, bei dem ein Insolvenzverwalter die Bemühungen der Geschäftsführung überwacht, ein gefährdetes Unternehmen zu sanieren. (*Süddeutsche Zeitung*, 12. Juni 2009)

Issues: Angeberdeutsch für „Themen": *„Aus meiner Sicht bietet Davos ein breites und tiefgestaffeltes Programm wesentlicher wirtschaftlicher Trends und Issues, das auch höheren qualitativen Ansprüchen genügt"*, rühmt eine deutsche Wirtschaftsgröße. Der Mann hat ja so Recht: Issues kann man ins Deutsche einfach nicht übersetzen. Denn es heißt alles zugleich: Problem, Problematik, Thema, Thematik, Sache, Sachverhalt, Ding, Angelegenheit. Und deshalb ist das Wort der Davos-Konferenz mit ihrer Allzuständigkeit fürs Große und Ganze auch angemessen. Da kommt das Deutsche einfach nicht ran. Schließlich ist das Davos-Programm selbst „breit und tief gestaffelt", wie die Wirtschaftsgröße mit der ganzen Autorität ihrer Urteilskraft meint. Da passt eben nur Issues, weil das Wort den Vorteil hat, zugleich Breite und Tiefe auszudrücken. Und so beschleicht uns eine Ahnung, wie es in der großen, weiten Welt der Wirtschaft zugeht: breit, tief und wesentlich. Issue eben. Und wenn Davos einmal die Issues ausgehen, dann kann man immer noch Ski laufen.

In der Kommunikationswissenschaft versteht man unter Issues, Themen, die man beobachten sollte, damit sie einen nicht unvorbereitet erwischen. So beobachten die Deutsche Bahn und die Deutsche Bank ihre Spitzel von einst, um der Presse rechtzeitig passende Antworten servieren zu können und Ex-Bundesumweltminister Sigmar Gabriel hat Gorleben und die Asse zu seinen beobachteten Favoriten-Themen erkoren und bei jeder nur passenden Gelegenheit zum Wahlkampfthema gemacht.

Mainstreamen: Bedeutet das Anpassen eigenständiger Gedanken, Verhaltensweisen und origineller Produkte an eine verbindliche Strategie. Zu anderen Zeiten sagte man auch Gleichschaltung dazu.

Massekredit: Instrument, um in der Insolvenz einen Geschäftsbetrieb aufrechtzuerhalten. Der Kreditgeber eines Massekredites erhält als erster Gläubiger seine Forderungen zurück.

Market Monitoring Group: Ein vom internationalen Bankenverband IEF berufenes Expertengremium, das die Finanzmärkte überwachen soll.

Monitoring: Beobachtung oder Kontrolle eines Vorgangs (wie die Vergabe von Boni an Banker). Man braucht für das Beobachten übrigens keinen Monitor.

Moral-Hazard-Problematik: Meint, dass Menschen ihr Verhalten ändern, wenn sie wissen, ihnen kann nichts passieren. Wenn die Banken so groß sind, dass sie im Falle einer Schieflage vom Staat erhalten werden müssen, betreiben sie riskantere Geschäfte.

Multiples Einstellungshemmnis: Eine Wortschöpfung des Hamburger Senats; sie beschreibt die vielfältigen Gründe, warum manche Arbeitsuchende nur schwer eine Anstellung finden. Aber so klar will man es nicht sagen. Fast schon wie ein Krankheitsbild wirkt das multiple Einstellungshemmnis. Sehr ermutigend für den Einstellungsgehemmten. Oder ist in der Bürokratensprache eher gemeint, dass er selbst das Hemmnis ist?

Outsourcing: Modische Verbrämung für „sich um etwas nicht mehr selber kümmern wollen" oder schlicht „auslagern", wie es vor allem in der öffentlichen Verwaltung und im Wirtschaftsleben heute üblich ist. So hat sich das Bundeswirtschaftsministerium im Spätsommer 2009 von der Rechtsanwaltskanzlei Linklaters beraten lassen, weil unter anderem keine ausreichenden eigenen personellen Ressourcen mit praktischen Kenntnissen und Erfahrungen bei der Bankensanierung zur Verfügung standen. Ein Outsourcing, das für Schlagzeilen sorgte und Gegenstand einer Kleinen Anfrage der Grünen wurde (siehe auch *Chinese Walls*).
 Warum ist outsourcen beliebter als auslagern oder ausgründen? An der Kürze kann es nicht liegen. Auch nicht an der Verständlichkeit. Da bleiben nur zwei Erklärungen übrig: Outsourcen hat eine so schöne Schriftform. So viele Vokale auf einmal lesen sich einfach gut! Zweite Erklärung: Freunde des flexiblen Denkens begrüßen bestimmt die zwei möglichen Formen des Perfekts: outgesourct oder geoutsourct. Im Deutschen muss man stattdessen lernen, dass es ausgelagert heißt, und nicht geauslagert. Lästig!

Package Deals: So etwas wie Maßnahmen, die ausgehandelt werden. „Konjunkturpakete sind das volkswirtschaftliche Ergebnis spezifischer ‚Package Deals' und von Zusagen an die Koalitionspartner in ganz anderen Bereichen des Budgets abhängig." (VWL-Professor Ansgar Belke in der *Financial Times Deutschland* vom 13. Mai 2009)

Paradigmenwechsel: Wurde von dem amerikanischen Wissenschaftsphilosophen Thomas Kuhn Mitte des letzten Jahrhunderts als vollständiger Umsturz eines Weltbildes eingeführt: Wenn etwa Kopernikus und Kepler zu der Einsicht kommen, die Erde sei nicht Mittelpunkt des Universums, sondern ein gewöhnlicher Trabant der Sonne, dann ist das ein Paradigmenwechsel. Ein Paradigmenwechsel ist es auch, dass die Erde nicht am 21. Oktober 4004 vor Christus um 9 Uhr morgens (so der englische Theologe John Lightfoot noch vor weniger als 300 Jahren), sondern knappe vier Milliarden Jahre vorher erschaffen worden ist, oder dass wir Menschen nicht aus Lehm gezeugt, sondern aus Affen fortentwickelt worden sind.

Vom Saulus zum Paulus geworden sind auch viele Wirtschaftswissenschaftler seit der Krise: Während sie sich noch zwei Jahre zuvor für die Deregulierung von Wirtschafts- auch Finanzmärkten eingesetzt haben, vertreten sie heute fast unisono die Meinung, dass der Markt zumindest in Maßen Regeln benötige, um weitere Krisen abzuwenden. Und auch Deutsche-Bank-Chef Josef Ackermann vollzog einen Paradigmenwechsel und plädiert heute nicht mehr per se für Bankenfusionen, sondern sieht durchaus eine Gefahr darin, wenn Banken zu groß werden, um noch zu scheitern („too big to fail").

Performance: Amideutsch für „Leistung". Ist laut *Bild*-Chef Kai Diekmann jeden Tag und ständig kritisch zu überprüfen: „Gerade weil wir journalistische Schrittmacher und Marktführer sind, werden wir sehr genau und kritisch beobachtet. Und deshalb müssen wir uns selbst und unsere performance jeden Tag kritisch überprüfen." (www.medienhandbuch.de, 05.11.2004)

Warum scheut sich eigentlich die angebliche Leistungsgesellschaft, von Leistung zu sprechen? Vielleicht, weil sich die aus dem Bankenjargon herüber schwappende Performance in Geld messen lässt? Das ist bei den vielen wahren Leistungen, die *nicht* mit Geld zu bezahlen sind, natürlich schwerer.

positive Bilanz: Politikerdeutsch für „enttäuschte Erwartungen", wie in: „Die Bush-Regierung zog eine positive Bilanz des Irak-Krieges". Wenn man zumindest selber an das Gesagte glaubt, heißt die Bilanz auch „rundum positiv": „Union und SPD ziehen anlässlich der ersten 100 Tage ihres Regierungsbündnisses eine rundum positive Bilanz" (*Die Welt*). Und auch ein Jahr nach Krisenbeginn zog die

Große Koalition „eine positive Bilanz der in Deutschland auf den Weg gebrachten Maßnahmen."⁴⁸

Richtige Bilanzen sind dagegen weder positiv noch negativ, sondern immer ausgeglichen.

public private partnership: Bezeichnete ursprünglich eine vertraglich geregelte Zusammenarbeit zwischen Staat und privaten Anbietern. Mittlerweile hat der Begriff aber vor allem in der politischen Diskussion eine Ausweitung erfahren und ist zu einem positiven Begriff für den Rückzug des Staates insgesamt geworden. Er verkörpert das gewünschte Eindringen privatwirtschaftlichen Denkens und Handelns auch in hoheitlich staatliche Aufgabenbereiche. Man erhofft sich dadurch größere Wirtschaftlichkeit und Wirksamkeit im Staat, durchaus auch bei Aufgaben im Strafvollzug oder in der Bildungsversorgung. Damit das möglichst niemand versteht, sagt man statt „öffentlich-private Partnerschaft" lieber public private partnership, kurz „PPP", gesprochen „pipipi".

Relaunch: Modischer Schicki-Micki-Ersatz für eine Umgestaltung oder einen zweiten Versuch. Hat sich in den Jahren Null in die deutsche Schriftsprache geschlichen (in die gesprochene Sprache seltsamerweise nicht – kein Mensch nimmt dieses Wort freiwillig in den Mund). „Sie will der Schröder-Show Substanz entgegensetzen, sie fügt sich in ein Team ein, sie wagt einen zarten Relaunch ihres Äußeren", schrieb die *Hannoversche Allgemeine Zeitung* einmal über Angela Merkel. Aber dann scheint sie doch am Erfolg des Relaunchens zu zweifeln: „Sie wirkt wie ein Elefant im Schwanenkostüm". Und auch an manch einem Relaunch in der Zeitungswelt ist wieder einmal die Krise schuld. Zumindest an dem der *Wirtschaftswoche*. Die fand, dass das Lebensgefühl der 90er, das sich in der Gestaltung des Wirtschaftstitels widerspiegelte, mit der Krise nicht mehr zu vereinbaren war, und verpasste deshalb dem Blatt ein neues Gewand. Mal sehen, ob es hilft die Abwanderung von Anzeigenkunden und Lesern zu stoppen. Schließlich soll die *Wirtschaftswoche* im Zuge der Krise mehr als 37 Prozent ihrer Anzeigenseiten verloren haben⁴⁹.

Statement: Beliebter dollardeutscher Ersatz für die unpräzisen alten Begriffe Rede, Stellungnahme, Meinungsäußerung und Kommentar – damit hält sich ein moderner Zeitgenosse nicht mehr auf. Erst das Statement gibt dem öffentlichen Mundaufmachen die rechte Autorität, hebt den „Statementer" vom Unterschichtler ab, der einfach seine Meinung sagt.

---

⁴⁸ http://www.dnews.de/hintergrunde/108222/union-und-spd-ziehen-positive-bilanz-nach-krise.html.
⁴⁹ http://meedia.de/nc/background/meedia-blogs/nils-jacobsen/nils-jacobsen-post/article/relaunch--die-neue-wirtschaftswoche_100023061.html?tx_ttnews[backPid]=1690.

Squeeze-Out: Die Möglichkeit, dass Großaktionäre kleine Anteilseigner aus der AG „herausquetschen"[50]. Die Bundesregierung hat bei der Hypo Real Estate davon Gebrauch gemacht.

Startup: Neugründung. „Nach den grundlegenden Forschungsarbeiten an der UNC erfolgt die Entwicklung zu kommerziellen Geräten durch die *Start-up*-Firma XinRay Systems, einem Joint Venture zwischen Siemens Healthcare und der UNC." (*Die Welt*, 7. September 2009) Hier gibt es sogar den Imponier-Anglizismus ‚joint venture' (= Gemeinschaftsprojekt) gratis dazu.

Subprime: Schrott. „Das war insbesondere bei Eigenheimkrediten an einkommensschwache US-Bürger der Fall. Aus diesen *Subprime*-Darlehen war vor zwei Jahren die schwerste Finanzkrise seit Jahrzehnten entstanden." (*Die Welt*, 22. Juli 2009).

Task Force: Warum nicht „Sonderstab"? fragt die Aktion Lebendiges Deutsch.[51] „Mit Arbeitsminister Olaf Scholz (SPD) sei eine ‚Task Force' vereinbart worden. Für Fragen rund um die Arcandor-Insolvenz werde eine zentrale Anlaufstelle im Ministerium und in der Regionaldirektion der Bundesagentur für Arbeit in NRW eingerichtet" (*Frankfurter Rundschau*, 12. Juni 2009).

Win-win-Situation: Managerdeutsch für die besondere Kunst, Verhandlungen so zu lenken, dass beide Seiten am Ende im Vorteil sind und dass der Vorteil des Einen sogar den des Anderen bedingt. Diese Kunst erfordert mindestens zwei Fähigkeiten: hohen Sachverstand, denn die Verhandlungsgegenstände lassen den Vorteil beider Parteien nur bei genauester Kenntnis herausschälen; Fairness, denn ohne faire Grundhaltung macht man sich gar nicht erst auf die Suche nach beiderseitigem Vorteil.

Partnerschaftliches Verhandeln ist hierzulande noch nicht in den Nationalcharakter eingeflossen. Das erkennt man auch daran, dass die win-win-Situation in Fachkreisen noch nicht übersetzt ist. Wie wäre es mit „Vorteilspartnerschaft"?

Leider gibt es noch viele weitere Fremdwörter und Fachbegriffe, die es Normalsterblichen fast unmöglich machen, Wirtschaftstexte in Tageszeitungen auf Anhieb zu verstehen.

---

[50] Heinrich/Moss 2006, S. 121.
[51] Siehe Stiftung Deutsche Sprache 2009.

13 Zahlen, Zahlen, Zahlen

> „Man hat behauptet, die Welt werde durch Zahlen regiert. Das aber weiß ich, daß die Zahlen uns belehren, ob sie gut oder schlecht regiert werde."
>
> *Johann Wolfgang von Goethe*

Wie hoch waren die Verluste der Commerzbank im zweiten Quartal 2009? 746 Millionen Euro.[52] Wie viele Arbeitslose gab es in Deutschland im August 2009? 3.471.513.[53] Auf wie viel beläuft sich die durch die Krise verursachte zusätzliche staatliche Neuverschuldung? 126 Milliarden Euro.[54] Und so weiter.

Dergleichen Zahlen fördern und bremsen die Diskussion zugleich. Sie fördern sie, wenn sie Informationen vermitteln. Sie bremsen sie, wenn diese Informationen durch die Zahlen ein Gewicht erhalten, das einer rationalen Debatte eher im Wege steht. Denn das Verhältnis vieler Zeitungsleser zu zahlenlastig präsentierten Fakten kann man nicht anders als gestört bezeichnen. Solange es Bundeskanzler gibt, die nicht wissen, wie viele Millionen eine Milliarde ergeben (das behauptete Helmut Schmidt einmal von Willy Brandt), und man an deutschen Stammtischen sein Ansehen durch das Eingeständnis steigern kann, in Mathe in der Schule eine Fünf gehabt zu haben, schüchtern Zahlen hierzulande viele Menschen ein.

Anderswo ist das anders. In England, in den USA oder Frankreich gehört es zum guten Ton, dass man vernünftig rechnen kann. Oder wie es der große Romancier Herbert George Wells einmal formuliert hat: „A basic literacy in statistics will be one day as necessary for efficient citizenship as the ability to read and write."[55]

Diese „basic literacy" ist in Deutschland nicht vorhanden. Über die Gründe kann man nur spekulieren. Es gibt ernst zu nehmende Psychologen, die das alles für eine Spätfolge des Goethe'schen Ganzheitsdenkens halten: So wie Goethe, der von Mathematik nur rudimentäre Kenntnisse besaß, diesen Mangel aber nie als solchen empfand, ist in Deutschland eine Scheu vor dem analytischen Zergliedern komplexer Zusammenhänge salonfähig geworden, die es in den genannten Ländern so nicht gibt. Und die führt dazu, dass insbesondere Zahlen bei vielen Zeitungslesern die Gehirnzellen auszuschalten scheinen.

---

[52] *Die Welt* vom 6. 8. 2009: „Unter dem Strich resultierte daraus auch im zweiten Quartal des Jahres ein schmerzlicher Verlust von 746 Mio. Euro, nach einem Minus von 861 Mio. Euro im ersten."
[53] Siehe http://statistik.arbeitsamt.de/statistik/index.php?id=D.
[54] Antwort der Bundesregierung vom 21.07.2009 auf eine Kleine Anfrage des Bundestagsabgeordneten Thiele.
[55] Zitiert nach Huff 1955.

Was den Zeitungsleser vor allem interessiert, sind in aller Regel auch nicht die nackten Zahlen, sondern die Vergleiche: Nehmen die Verluste, die Staatsschulden oder die Arbeitslosenzahlen zu oder ab? Wo ist die Steuerbelastung der privaten Haushalte größer? In Deutschland oder in Österreich? Dass dagegen ein deutscher Durchschnittshaushalt mittlerweile 53,3 Prozent seines Einkommens an den Fiskus überweist, ist zwar korrekt, aber abstrakt. Man will wissen: ist es anderswo besser oder schlechter? Und wenn schon Zahlen, dann lebensnah verpackt. Um wie viel wirksamer als ein trockener Prozentsatz kommt doch die Information daher, dass man erst am 14. Juli eines Jahres anfängt, für sich selbst zu arbeiten. Und wer sich vorstellen will, wie viel die Rettung der Hypo Real Estate dem Staat kosten kann, sollte die 100 Milliarden Staatsbürgschaften mal mit den Ausgaben des Bundes für Bildung vergleichen, die sich auf etwas über 10 Milliarden Euro belaufen.

Die Illusion der Präzision[56]

Erst eine gehörige Anzahl von Ziffern verleiht einer Zahl die nötige Autorität. Die Aussage „General Motors verlor 2008 mehrere Milliarden Dollar" überzeugt weit weniger als „Die Verluste von General Motors im ersten Quartal 2009 beliefen sich auf 3.790.380.000 $". Hier glaubt man geradezu, einem Buchhalter über die Schulter zu sehen, der die Verluste zählt. Kein Wunder also, dass diese „Illusion der Präzision" bei der Nachrichtenübermittlung seit jeher immer wieder gern als rhetorisches Werkzeug Verwendung findet.

Am 6. April des Jahres 1909 hatte der Amerikaner Robert E. Peary als erster Mensch der Welt den Nordpol erreicht. Zumindest wollte er den Rest der Welt davon überzeugen.[57] Deshalb gab er seine Position mit 89 Grad, 57 Minuten und 11 Sekunden nördlicher Breite an, rund fünf Kilometer vom Pol entfernt – für alle praktischen Zwecke ein Volltreffer, und genau dieser Effekt war auch geplant.

In Wahrheit konnte Peary seine Position unmöglich bis auf dreißig Meter genau bestimmen (denn auf nichts anderes laufen die elf Bogensekunden hinaus), GPS-Systeme gab es damals nicht. Selbst Pearys Freunde geben zu, dass er mit seinen beschränkten Mitteln die Position bestenfalls bis auf sechs Bogenminuten oder zehn Kilometer genau hätte angeben können. Die restlichen Ziffern hatte er sich einfach ausgedacht.

---

[56] Die folgenden Zeilen orientieren sich an dem einschlägigen Abschnitt in W. Krämer: So lügt man mit Statistik, 11. Taschenbuchausgabe, München 2009.

[57] Vermutlich war sein Landsmann Cook schon vor ihm dort gewesen. Siehe dazu Wallich 1990, S. 9 f. oder Zeilinger 2009.

Was Peary 1909 gelang, nämlich glaubhaft mit erfundenen Ziffern einen nicht vorhandenen Nachrichtenwert zu simulieren, versuchen seine Nachfahren beim amerikanischen CIA hundert Jahre später ebenfalls. So ist etwa auf den Netzseiten der Agentur die Größe der Bevölkerung aller Staaten dieser Erde nachzulesen. Das waren Ende Juli des Jahres 2009 exakt 1.338.612.968 Menschen[58]. Das ist eine Zahl mit elf Ziffern, davon sind alle bis auf die ersten beiden falsch.

Trotzdem glauben wir daran. Wenn wir in einer fremden Ortschaft fragen: „Wie weit ist es zur nächsten Post?" und einer sagt: „Na ja, drei Kilometer oder so, dann links", ein anderer aber: „2,4 Kilometer geradeaus, dann rechts", wem glauben wir? Gehen wir an der kritischen Kreuzung links oder rechts?

Die meisten gehen rechts. Wir gehen rechts aus dem gleichen Grund, warum wir einem Nordpolforscher glauben, der seine Position bis auf die Bogensekunde kennt, oder einem Geografen, der uns bis auf die einzelne Seele sagt, wie viele Menschen in dieser oder jener Ecke unseres Planeten leben. Kleider machen Leute und Ziffern machen Zahlen, und je mehr Ziffern an einer Zahl hängen, desto mehr vertrauen wir ihr auch.

Wie alt war Methusalem

Diesen Vertrauensvorschuss, den wir krummen im Vergleich zu glatten Zahlen geben, erschleichen sie sich durch einen logischen Kurzschluss. Ausgehend von der Alltagsweisheit „round numbers are always false" oder auf Deutsch: glatte Zahlen sind immer falsch, und der dazu logisch äquivalenten Aussage „eine korrekte Zahl ist immer krumm", ziehen viele unbewusst den Umkehrschluss, dass jede krumme Zahl korrekt sein muss, und das ist falsch. Darauf zählt der Supermarkt, der seine Marmelade für 2,97 statt drei Euro verkauft, genauso wie der Kfz-Experte, der vor Gericht den Bremsweg eines Autos mit 63,59 Meter angibt, oder wie der Angler, der uns seinen letzten Fang beschreibt. Nie von Dutzenden von Hechten prahlen, 23 waren es, und einer – gottverdammich – ist vom Haken wieder abgerutscht.

Dieser Zahlentrick ist so alt wie die Zahlen selbst. Adam, so schreibt die Bibel, wurde 930 Jahre alt, sein Sohn Set 912, und der berühmte Metuschelach alias Methusalem lebte sogar 969 Jahre lang. Was der Verfasser der Genesis damit wahrscheinlich meinte, war: alle diese Männer wurden ungewöhnlich alt. Jedoch hatte er ganz klar erkannt, dass ein seriöser Sachbuchautor so nicht schreibt – man könnte ja glauben, er hätte schlampig recherchiert. Die 969 Jahre für Methusalem dagegen zeigen jedem klar: der Autor hat auch die Details im Griff.

---

[58] Siehe https://www.cia.gov/library/publications/the-world-factbook/geos/ch.htm (letzter Zugriff 17.09. 2009).

Daher war auch Goliath nicht ziemlich groß oder riesengroß, sondern exakt sechs Ellen und eine Handbreit groß, und das heilige Zelt, das die Israeliten bei ihrem Marsch durch die Wüste mitführten, war nicht nur erstaunlich lang und breit, sondern genau achtundzwanzig Ellen lang und achtzehn Ellen breit. Die berühmte Bundeslade war zweieinhalb Ellen lang, anderthalb Ellen breit und anderthalb Ellen hoch, das dabei verarbeitete Gold wog 29 Talente und 730 Schekel, das Silber 100 Talente und 1775 Schekel, „also die Hälfte eines Schekels für jeden von zwanzig Jahren und darüber, der zur Veranlagung vortreten musste, also für 603.550 Mann".

Die Erschaffung der Erde datiert der deutsche Reformator Philipp Melanchthon auf das Jahr 3963 vor Christus, der englische Theologe John Lightfoot ist sogar noch präziser: „Himmel und Erde und alles was dazugehört wurden vom dreifaltigen Gott zusammen und zur gleichen Zeit erschaffen am Sonntag, dem 21. Oktober 4004 vor Christus, 9 Uhr morgens." Damit ist jeder Zweifel ausgeräumt.

Das Statistische Bundesamt lässt wissen, Ende des Jahres 2007 hätten 82 Millionen und 218 Tausend Personen in der Bundesrepublik gelebt (davon 3.776.000 arbeitslos und 6.744.900 ausländischer Staatsangehörigkeit), zusammen mit 27.113.500 Schweinen, 2.537.800 Schafen und 12.707.400 Rindern auf den Bauernhöfen unserer Republik. Wir lesen, dass im Jahr 2006 12.828 Bundesbürger an Lungenentzündung gestorben sind, dass ein Arbeitnehmer in der Energiewirtschaft durchschnittlich 45.690 Euro, sein Kollege im Bergbau aber nur 37.928 Euro im Jahr verdient, dass es auf deutschen Campingplätzen insgesamt 21.920.698 Übernachtungen pro Jahr und republikweit 335.845 Verkehrsunfälle mit Personenschaden gegeben hat oder dass ein Bundesbürger pro Jahr 11,2 Kilogramm Geflügelfleisch verzehrt.

Woher will man das so exakt wissen? Die Bevölkerung der Bundesrepublik ist selbst unmittelbar nach Volkszählungen nur ungenau bekannt, zwischen zwei Volkszählungen erst recht. Noch schlimmer ist das Messproblem bei Teilmengen der Bevölkerung wie bei Ausländern oder Arbeitslosen: durch minimale Änderungen der Definition verschieben wir deren Zahl mühelos um mehrere Hunderttausend in jede Richtung, die uns passt. Viehzählungen sind aus verschiedenen Gründen – darüber gibt es ganze Bücher – notorisch ungenau, und die Todesursachenstatistik ist auch nicht viel genauer (bei pathologischen Nachuntersuchungen stellt sich regelmäßig ein Drittel der offiziellen Todesursachen als falsch heraus). Bei den Einkommen aus abhängiger Beschäftigung ist unklar, was und was nicht eigentlich dazugehört (wurde etwa das Kantinenessen des Arbeiters oder der Dienstwagen des Angestellten mitgezählt?). Nur Gott im Himmel weiß, wie viele Menschen ohne Meldeschein auf deutschen Campingplätzen übernachten und sich so der amtlichen Statistik entziehen, und die 11,2 Kilogramm Geflügelfleisch pro

Bundesbürger sind ebenfalls dubios, weil zum Beispiel völlig offenbleibt, wie viel davon weggeworfen oder von Hunden oder Katzen aufgefressen worden ist.

Trotzdem kommen diese Zahlen mit viel Autorität daher. Aber diese ist nur aufgemalt, beim leichtesten Kratzen am Lack der hinteren Ziffern kommt die ganze Hochstapelei ans Tageslicht.

Deshalb sagen die Statistiker in Wiesbaden auch nicht, die Zahlen wären wahr. Sie sagen nur: das haben wir gezählt. Deshalb sollten auch Journalisten diese Zahlen nicht für bare Münze nehmen.

14 Zum Schluss

> „Je populärer eine Idee, desto weniger denkt man über sie nach, und desto wichtiger wird es also, ihre Grenzen zu untersuchen."
>
> *Paul Feyerabend*

Die Krise ist schon mehr als ein Dutzend Monate alt. Woher sie kam, weiß man recht gut. Wohin sie geht, weiß aber niemand so genau. Umso mehr sind Medienkonsumenten auf die Aussagen und die Glaubwürdigkeit Dritter angewiesen. Das sind die Eliten aus Politik und Wirtschaft, aber auch die Journalisten, die stellvertretend für uns die notwendigen Fragen stellen und Fakten recherchieren sollten. Aber dies tun sie – wie wir zu zeigen versucht haben – eher schlecht als recht.

Vor allem die Wirtschaftsressorts, also die eigentlichen Experten, die Elfenbeintürme der Tageszeitungen, die weit weg vom Normalbürger und nahe an den Mächtigen sind, tragen zu wenig zur Erhellung der Hintergründe bei. Sie produzieren, wie Glotz und Langenbucher bereits 1969 beschrieben haben, vielfach immer noch *„beigelegte Fachzeitschriften für Eingeweihte"*, *„bei denen man auf den Fachmann als Leser zu zielen scheint"*.[59]

Wer aber beim Schreiben den Fachmann vor Augen hat, verliert zwangsläufig den Laien aus dem Blick, und wer von Unternehmenspressekonferenzen berichtet, die auf Englisch abgehalten werden, vergisst zuweilen, dass 70 Prozent der Einwohner unseres Landes diese Sprache nicht verstehen.[60] Da wundert es auch nicht, dass altbekannte Laster wie Auswahlfehler, schwer verständliche Texte, Übernahme der Perspektive der Herrschenden, fehlender journalistischer Mut und Verzicht auf eigene Recherchen „fortexistieren", wie der Eichstätter Publizistikforscher Klaus Arnold in seiner Studie zur Qualität der Presse schreibt.

Wir fürchten, das wird in Zukunft nicht besser. So sagt der Hamburger Kommunikationswissenschaftler Siegfried Weischenberg eine Entwicklung vom Qualitäts- zum „Billigjournalismus" voraus. Dieses Szenario ist nicht von der Hand zu weisen, denn die Arbeitsbedingungen im Journalismus werden seit den 90er Jahren kontinuierlich schlechter. Bereits 2001 – nach 9/11 – haben die Verleger mit dem Sparen angefangen, und nach dem Ausbruch der Finanz- und Wirtschaftskrise diesen Kurs nochmals verstärkt. Hier zwei Beispiele aus jüngster Zeit:

- *Redaktionen werden zusammengeführt*: So hat Gruner + Jahr Ende 2008 die Redaktionen seiner Wirtschaftstitel zusammengeführt: *Capital*, *Impulse* und

---

[59] Glotz/Langenbucher 1993, S. 80.
[60] Schulz-Bruhdoehl/Fürstenau 2008, S. 314.

Börse Online wurden nach Hamburg verlagert, an einen Standort, an dem *Gruner + Jahr* bereits die wochentags erscheinende Wirtschaftszeitung *Financial Times Deutschland* produziert. Der *DuMont-Verlag* verlangt, dass die *Berliner Zeitung* und die *Frankfurter Rundschau* die Inhalte der Ressorts austauschen.

- *Tarifverträge werden durch Tarifflucht ausgehebelt:* Einige Verlage sind dazu übergegangen, ihren Redakteuren zu kündigen und die angestammte Mannschaft durch neues Personal zu ersetzen (siehe die *Münstersche Zeitung*).[61]

So wollen die Verleger die Produktionskosten senken – vor allem die Personalkosten. Bei der Verlagsgruppe *Handelsblatt* sollen 40, bei *Gruner + Jahr* 118 und bei der *WAZ-Mediengruppe* bis zu 300 Stellen wegfallen[62]. Als Grund für den massiven Umbau von Titeln, Standorten und Redaktionseinheiten nennen die Verleger die mangelnde Tragfähigkeit des klassischen Erlösmodells: Die beiden Säulen der Zeitungsfinanzierung – Einnahmen durch Werbung und Verkauf – bröckeln gleichzeitig[63], und neue Geschäftsmodelle, die sich rechnen, sind noch nicht in Sicht. Vor allem das Internet mit seinen vielen ehrenamtlichen Reportern, Bloggern und Zwitscherern macht den Verlagen zunehmend Konkurrenz.

Wenn Stellen wegfallen, verdichtet sich die Arbeit. Das ist aber nur einer von vielen Gründen, warum Qualitätsmängel „fortexistieren". Weitere Ursachen differieren je nach Journalistentyp. Hier lassen sich drei Gruppen unterscheiden: die fachlich Verblendeten, denen die Distanz zum Objekt ihrer Berichte fehlt, den Mitläufern, die von Informationen Dritter – also den Nachrichtenagenturen und Pressemitteilungen – leben, und eine, wie wir glauben, Minderheit von selbstständig denkenden Journalisten mit ökonomischen Sachverstand, die sich ehrlich engagiert und tatsächlich noch eigene Recherchen anstellt. Dieser Typus ist überwiegend in den überregionalen Tageszeitungen zu finden, weniger in den kleineren Wirtschaftsredaktionen der regionalen Tageszeitungen, wo man sich vornehmlich auf die Nachrichtenagenturen und Beiträge von offizieller Seite verlässt.

Die journalistischen Qualitätsmängel vom Typ 1 sind oft und paradoxerweise eine Folge eines Studiums der Wirtschaftswissenschaften, das die im Journalismus dringend notwendige kritische Distanz verringert. So schreiben die beiden Wirtschaftsjournalistik-Professoren Jürgen Heinrich und Christoph Moss, ein Studium der Wirtschaftswissenschaften sei fast „kontraproduktiv für die journalistische Vermittlung". Sie begründen dies mit den Studieninhalten: *„Ein solches Studium ist nicht nur ein Problem für die Entwicklung der Sprache der Journalisten, sondern es prägt auch journalistische Ordnungsvorstellungen recht ein-*

---

[61] Siehe unter: http://www.djv.de/DJV-Liste_Tarifumgehung_der_V.629.0.html.
[62] Wirtschaftsjournalist 2/2009, S. 44, und Journalistik Journal 1/2009, S. 4.
[63] 27.05.2009 und http://www.horizont.net/showNews.php?id=85458.

seitig: Das Gleichgewicht ist ein hervorragendes Analyseinstrument, aber es ist nicht geeignet, die Dynamik von Entwicklungen zu beschreiben, oder das zentrale Konzept des Wettbewerbs vermittelt eine Denkweise, den Mächtigen und Starken eher Rechtfertigung zu liefern als den Schwachen Beistand, erschwert also die journalistische Funktion von Kontrolle und Artikulation."[64]

Wirtschaftwissenschaftlich ausgebildete Wirtschaftsjournalisten verinnerlichen oft die Modelle und Lehren einer Schule und interpretieren das wirtschaftliche Zeitgeschehen durch eine bestimmte Brille. Nur selten ist man bereit und in der Lage, sich von diesen Modellen zu distanzieren und deren Voraussetzungen zu hinterfragen; denn gerade das wird an den Hochschulen oft nicht gelehrt. Wenn dieser Typ Wirtschaftsjournalist seine Leser – teilweise grob – missachtet, Verständlichkeit klein schreibt und sich im Fachjargon verliert, geschieht das aber nicht notwendig in böser Absicht. Modelle wie das Habitus-Konzept des französischen Soziologen Pierre Bourdieu belegen vielmehr, dass bestimmte Denkweisen eines Studiengangs eine jeweils besondere, stabile Fach-Weltsicht erzeugen, die mehr als eines leichten Anstoßes von außen bedarf, um sie zu ändern. Am Ende ihres Studiums verkörpern Akademiker sozusagen ihr Fach und beherrschen die jeweiligen Geheimsprachen, die der Rest der Welt nur schwer versteht. So erschwert schon das Fach an sich gerade den Wirtschaftsjournalisten gute Vermittler, Übersetzer, Erklärer und vor allem Kritiker zu sein. Dazu braucht es zudem Kraft, Geduld, Sprachgeschick, aber auch den Mut, Irrtümer in Kauf zu nehmen und sich zu blamieren. Leichter und weniger riskant ist es also, dem Fachchinesisch treu zu bleiben.

Leser aber wollen mühelos verstehen und damit haben sie Recht.[65]

---

[64] Heinrich/Moss 2006, S. 36.
[65] Schneider 2001, S. 11.

Literatur

Altmeppen, Klaus-Dieter/Röttger, Ulrike/Bentele, Günter (Hg.), Schwierige Verhältnisse. Interdependenzen zwischen Journalismus und PR, Wiesbaden 2004

Arnold, Klaus, Qualitätsjournalismus. Die Zeitung und ihr Publikum, Konstanz 2009

Arnold, Klaus, Mit Qualität aus der Krise. Was die Zeitungen ihren Lesern bieten müssen, in: Journalistik Journal, Ausgabe 1/2009, S. 18–19

Baerns, Barbara: Öffentlichkeitarbeit als Determinante journalistischer Informationsleistungen. Thesen zur Beschreibung von Medieninhalten. In: Publizistik (24. Jg.) 1979, S. 301–316

Baerns, Barbara, Öffentlichkeitsarbeiter oder Journalismus. Zum Einfluss im Mediensystem, Köln 1991

Barber, Lionel, Die Blindheit der Journalisten, in Financial Times Deutschland, 23.04.2009

Bentele, Günter/Liebert, Tobias/Seeling, Stefan, Von der Determination zur Intereffikation. Ein integriertes Modell zum Verhältnis von PR und Journalismus. In: Bentele et al. (Hg.): Aktuelle Entstehung von Öffentlichkeit. Akteure, Strukturen, Veränderungen, Konstanz 2005, S. 225–250

Bentele, Günter/Brosius, Hans-Bernd/Jarren, Otfiried (Hg.): Lexikon Kommunikations- und Medienwissenschaft, Wiesbaden 2006

Bentele, Günter/Fröhlich, Romy/Szyska, Peter (Hg.): Handbuch der Public Relations. Wissenschaftliche Grundlagen und berufliches Handeln, Wiesbaden 2008

Bourdieu, Pierre, Die feinen Unterschiede. Kritik der gesellschaftlichen Urteilskraft, Frankfurt am Main 1993

Frühbrodt, Lutz, Wirtschaftsjournalismus. Ein Handbuch für Ausbildung und Praxis, Berlin 2007

Gerhardt, Rudolf/Leyendecker, Hans, Leserbuch für Schreiber. Vom richtigen Umgang mit der Sprache und von der Kunst des Zeitungslesens, Frankfurt am Main 2005

Häusermann, Jürg, Journalistisches Texten. Sprachliche Grundlagen für professionelles Informieren, Konstanz 2005

Heinrich, Jürgen/Moss, Christoph, Wirtschaftsjournalistik. Grundlagen und Praxis, Wiesbaden 2006

Hruska, Verena, Die Zeitungsnachricht. Information hat Vorrang, Bonn 1999

Huff, Darrel, How to lie with statistics, New York 1955

Junker, Gerhard (Hrsg.): Der Anglizismenindex, Paderborn 2009

Kirchhoff, Sabine, Sexueller Missbrauch im Spiegel des SPIEGEL. Eine Medienanalyse über einen Zeitraum von 25 Jahren. in: Enders, Ursula: „Zart war ich bitter war's". Ein Handbuch, Köln 2001

Krämer, Walter, So lügt man mit Statistik, München 2009

Krämer, Walter, Wie schreibe ich eine Seminar- oder Examensarbeit? Frankfurt am Main 2009

Krämer, Walter, Statistik verstehen. Eine Gebrauchsanweisung, München 2008

Krämer, Walter/Kaehlbrandt, Roland, Plastikdeutsch. Ein Lexikon der Sprachverwirrungen, München 2009

Mast, Claudia (Hg.), ABC des Journalismus. Ein Handbuch, Konstanz 2008
Mast, Claudia, Wirtschaftsjournalismus. Grundlagen und neue Konzepte für die Presse, Opladen/Wiesbaden 1999
Meier, Klaus, Journalismus in Zeiten der Wirtschaftskrise. Neun Thesen zum Strukturwandel der Medien, in. Journalistik Journal, Heft 1, 2009, S. 14–17
Pörksen, Uwe, Plastikwörter. Die Sprache einer internationalen Diktatur, Stuttgart 1988
Popper, Karl R.; Auf der Suche nach einer besseren Welt. Vorträge und Aufsätze aus dreißig Jahren, Zürich 2002 (11. Auflage)
Reiners, Ludwig, Stilkunst. Ein Lehrbuch deutscher Prosa, München 2004
Röttger, Ulrike, Theorien der Public Relations. Grundlagen und Perspektiven der PR-Forschung, Wiesbaden 2009
Rolke, Lothar: Journalisten und PR-Manager – eine antagonistische Partnerschaft mit offener Zukunft, in: Rolke, Lothar/Wolf, Volker (Hg.): Wie die Medien die Wirklichkeit steuern, Wiesbaden 1999, S. 223-248
Ruß-Mohl, Stephan, Spoonfeeding, Spinning, Whistleblowing. Beispiel USA: Wie sich die Machtbalance zwischen PR und Journalismus verschiebt. In: Rolke, Lothar/Wolf, Volker (Hg.): Wie die Medien die Wirklichkeit steuern, Wiesbaden 1999, S. 163–176
Ruß-Mohl, Stephan, Eine Welt ohne die „New York Times"? Amerikas Leitmedium Nr. 1 im Strudel der Abwärtsspirale, in: Publizistik, 2009 (54), S. 265–267
Schneider, Wolf/Raue, Paul-Josef, Handbuch des Journalismus, Reinbek bei Hamburg 2000
Schneider, Wolf, Wörter machen Leute. Magie und Macht der Sprache, Zürich 2008
Schneider, Wolf, Deutsch für Kenner. Die neue Stilkunde, Zürich 2009
Schneider, Wolf, Deutsch für Profis. Wege zu gutem Stil, München 2001
Schulz-Bruhdoel, Norbert/Fürstenau, Katja, Die PR- und Pressefibel. Zielgerichtete Medienarbeit. Das Praxisbuch für Ein- und Aufsteiger, Frankfurt am Main 2008
Seifert, Wilfried/Vogl, Gerhard (Hg.), Ein kleines Wörterbuch für den Journalisten und für alle, die viel schreiben müssen, Salzburg 1993
Sick, Bastian, Der Dativ ist dem Genitiv sein Tod. Ein Wegweiser durch den Irrgarten der deutschen Sprache, Köln 2009
Stiftung Deutsche Sprache (Hrsg.): Aktion Lebendiges Deutsch, Bamberg 2008
Wallich, Paul, Polar Heat. The Argument Continues over an Explorer's Good Name. In: The Scientific American, März 1990
Weischenberg, Sigfried/Malik, Maja/Scholl, Armin, Die Souffleure der Mediengesellschaft. Report über die Journalisten in Deutschland, Konstanz 2006
Weischenberg, Sigfried, Nachrichten-Journalismus. Anleitungen und Qualitäts-Standards für die Medienpraxis, Wiesbaden 2001
Zeilinger, Johannes, Auf brüchigem Eis. Frederick A. Cook und die Eroberung des Nordpols, Berlin 2009
Ziesemer, Bernd, Zehn zornige Thesen zur Zukunft der Zeitung, in: Wirtschaftsjournalist 2, 2009, S. 36–38
Zschunke, Peter, Agenturjournalismus. Nachrichtenschreiben im Sekundentakt, Konstanz 2009

Zur aktuellen Bildungsdebatte

> Zentrale Ursachen für sozial ungleiche Bildungschancen

Rolf Becker /
Wolfgang Lauterbach (Hrsg.)
Bildung als Privileg
Erklärungen und Befunde
zu den Ursachen
der Bildungsungleichheit
3. Aufl. 2008. 440 S. Geb.
EUR 39,90
ISBN 978-3-531-16116-7

Erhältlich im Buchhandel
oder beim Verlag.
Änderungen vorbehalten.
Stand: Juli 2009.

Der Inhalt: Elternhaus und Bildungssystem als Ursachen dauerhafter Bildungsungleichheit – Bildungsungleichheit im Primar- und Sekundarbereich – Berufliches Ausbildungssystem und Arbeitsmarkt – Konsequenzen für Politik und Forschung

Im Anschluss an kontroverse Diskussionen über dauerhafte Bildungsungleichheiten stellt das Buch detailliert aus sozialwissenschaftlicher Perspektive zentrale Ursachen für sozial ungleiche Bildungschancen in den Mittelpunkt der Betrachtung. Daher werden der aktuelle Stand empirischer Bildungsforschung diskutiert und neue Analysen vorgelegt.

Ziel ist es, in systematischer Weise soziale Mechanismen aufzuzeigen, die zur Entstehung und Reproduktion von Bildungsungleichheiten beitragen.

www.vs-verlag.de

Abraham-Lincoln-Straße 46
65189 Wiesbaden
Tel. 0611.7878-722
Fax 0611.7878-400

Wirtschaftssoziologie: Der Stand der Forschung

> Die umfassende Übersicht über das Forschungsfeld

Andrea Maurer (Hrsg.)
Handbuch der Wirtschaftssoziologie
2008. 465 S. (Wirtschaft und Gesellschaft) Geb. EUR 34,90
ISBN 978-3-531-15259-2

Erhältlich im Buchhandel oder beim Verlag.
Änderungen vorbehalten.
Stand: Juli 2009.

Der Inhalt: Soziologie der Wirtschaft – Sozial- und gesellschaftstheoretische Zugänge – Institutionen der Wirtschaft – Wirtschaft in gesellschaftstheoretischer Perspektive

Das Handbuch der Wirtschaftssoziologie vermittelt soziologische Zugangsweisen zur Wirtschaft und demonstriert die Leistungskraft soziologischer Erklärungen und Analysen wirtschaftlicher Beziehungen, Institutionen und Strukturen. Im deutschen Sprachraum hat trotz der Tradition sozio-ökonomischer Analysen und des wieder erwachten Interesses der Soziologie an wirtschaftlichen Phänomenen eine umfassende Übersicht über das Forschungsfeld bislang gefehlt.

Das Handbuch der Wirtschaftssoziologie schließt diese Lücke und präsentiert einen fundierten Überblick über die klassischen Grundlagen, die gegenwärtigen Theorieangebote und aktuelle Studien.

www.vs-verlag.de

Abraham-Lincoln-Straße 46
65189 Wiesbaden
Tel. 0611.7878-722
Fax 0611.7878-400

MIX
Papier aus verantwortungsvollen Quellen
Paper from responsible sources
FSC® C105338

If you have any concerns about our products,
you can contact us on
ProductSafety@springernature.com

In case Publisher is established outside the EU,
the EU authorized representative is:
**Springer Nature Customer Service Center GmbH
Europaplatz 3, 69115 Heidelberg, Germany**

Printed by Libri Plureos GmbH
in Hamburg, Germany